华东师范大学出版社

SHANGWUYINGYONGWENXIEZUO

商务应用文写作

（第四版）

教育部职业教育与成人教育司推荐教材

职业教育商贸、财经专业教学用书

主　编　乔　刚

副主编　刘桂华　郑　洁

主　审　乔正康　于黔勋

出 版 说 明（第四版）

CHUBANSHUOMING

本书是"教育部职业教育与成人教育司推荐教材"、中等职业学校商贸、财经专业的教学用书。

本书是一本教授应用文写作技能的教材，涵盖的应用文种类繁多，涉及的专业较广，符合现今商贸类企业实际业务的需要。它不仅教授应用文书的规范格式，还阐述撰写文书的构思方法与材料的组合技巧，兼顾了形式与内容。教材的编排新颖活泼，内容上反映当代商务的最新需要，选取最常见和最重要的应用文种，体现了时代性和实用性。

具体栏目设计如下：

小贴示：对相关内容的知识拓展、简单分析。

实例示析：不同文种的具体实例，不仅提供了样式的参考，而且其具体构思也值得借鉴。

本节思考与复习题：针对每一节内容提出几个小问题，通过思考，加深印象。

体验活动：在学完每一文种基本的写作方法后安排模拟写作练习，通过操练，掌握写作技能。

同时，教材配有大量旁注，提示教材内容的重点和难点。

为了方便教师的教学活动，本书还配套有：

《商务应用文写作·教师手册（第四版）》：安排有教学目标、教学内容拓展、教学重点和难点、教学方法建议、教学过程控制、"本节思考与复习题"简解、"本节训练与活动方案"参考文书等板块，旨在为教师提供丰富的教学素材，提供可依循的具有实际操作意义的教学方法参考，以提高课堂教学的效率。

华东师范大学出版社

2015年1月

前　言（第四版）

  在社会各级各类人才中，职业技术教育系统培养的财经类中等职业学校毕业生发挥着继往开来的生力军作用，他们以上岗快、动手能力强和具有较强的行为规范能力而著称，他们对自己专业领域中的问题也具有比较扎实的理论基础。所以，这样的毕业生深受社会用人单位的欢迎。财经应用文的撰写能力就是其专业岗位能力的主要技能之一。从近二十年的市场调研情况来看，商贸类企业一贯对应用文写作技能"情有独钟"，许多毕业生由于能很快胜任撰写财务分析报告、市场预测报告以及其他商务文书等工作，少则半年，多则三年就陆续走上了基层甚至中层业务干部的岗位。

  中等职业学校编写应用文写作教材有很多成功的经验，但是这本为商贸类专业的中职学生度身定制而编写的《商务应用文写作》则是具有鲜明特点的。

  首先，这是一本具有商贸特色、专业性很强的教材。中职学校教育以就业为导向，其课时安排往往都侧重于专业课程，一般用于应用文教学仅仅是40课时左右。因此本教材深入商贸专业，比较充分地兼顾市场营销、财务会计和商务文秘等大类专业，这就克服了因教材内容覆盖面过广而易杂易滥的弊病。

  其次，这是一本具有时代气息的新教材。它力图反映当代商务实践的最新需要，不仅紧扣职业技术教育的实际，选入了商贸活动中最常见和最重要的一些应用文种，同时还选入了"市场策划文书"一类章节，为学生就业后的事业发展提供了必要的"后劲"基础，这就使本教材具有了时代性、先进性、实用性、兼容性的特点。

  第三，这是一本指导性很强的教材。它力图兼顾好应用文书的格式与内容表述之间的关系。应用文书的格式约定俗成，其格式规范当然重要，但是必须认识到，在财经事务的联系交往中，内容准确和表达得体应该居于同样重要的位置。因此需用相当篇幅阐述文书的构思和材料的组合，就是要使学生能把握住具体对象的特点，写好该财经文书。

  第四，这是一本形式新颖活泼的教材。在体例上力图适应教学改革的需要，加强学生学习的主动性和实践性，教师以示范与引导为主，学生以学、练与"迁移"为要。将学生学、练冠之以"体验活动"，这不仅是名称的改变，更是意味着对教与学的理念、教与学的相互关系的调整和再认识。此外，版式的新颖活泼也为本书的独特性添上了浓重的一笔，相信这样的版式变化将带给学生全新的学习体验。

  是教材，也应该是学材。本版修订对行政公文的格式等相关内容进行了调整，使之更为规范。愿本书能给广大师生提供必要的帮助，也能带给师生教、学的愉悦。

  最后，本书的两位主审专家乔正康老师和于黔勋老师对本书提出了许多宝贵意见，在此表示感谢。

岑明

2015年1月

目　录

第一章 商务应用文写作概论

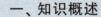

第一节　商务应用文的性质与特点

一、知识概述

应用文,重在应用,因为它真是用出来的。

自从有人类社会活动和出现文字开始,就有了用来记载重大活动的应用性的文字。春耕秋收,抵御灾难,祭祖拜神等等,虽然记录得极为简单,但类似于我们现在的应用写作也就开始了。《周易·系辞传》里说:"上古结绳而治,后世圣人易之以书契,百官以治,万民以察。"三千多年前殷商时期的甲骨文就记载了生产、生活、政治、经济、军事等内容。到有了青铜器,铭文的记载又进了一步。《尚书》是我国现存最早、保存最完整的古籍之一,其中也有类似于今天的规章、制度、公告、命令、纪要、演说辞等的应用体裁。随着时代的变迁和进步,应用写作与人们的生活和各类交往活动的关系更加密切,应用文的种类也更加丰富、更加细分。

应用文,它鲜明地区别于以审美为主要功能的文学作品。从文章的功用来看,它从产生到发展都是以应用为目的的,商务应用文用于经济贸易往来的目的就更为突出,写作格式也更为严格,语言文字往往简明通俗。有人给应用文下过定义,即:应用文是机关、企事业单位、社会团体、个人在日常工作、学习和生活中处理公私事务时使用的具有实用价值和固定或惯用格式的文体。

应用文是随着社会活动的发展而出现的,比如有了沟通需求,就需要书信交往;有了国家,就需要政事管理,就有了行政公文;有了商品交换,就需要契约等商务应用文书;有了法治管理,便产生诉讼文书。

因此,商务应用文是人们在经济活动中,处理商务贸易事务时所使用的具有实用价值、经济意义和固定或惯用格式的文体。

商务应用文具有实用性、程式性、真实性、法规性和时限性等特点。

1. 实用性

实用是应用文最为根本的特征和生命之所在,特别是商务应用文,它的写作有着明确的经济实用目的。市场报告、商务询价、谈判商洽、经济信息交流、记载凭证等等,都是为解决工作或生活中的某个问题而写作的;无论写作的对象、要解决的问题、反映的情况等等,都要明确、具体;因此它有着参与并协调着经济工作的组织管理,促进并推动着问题解决和工作开展的效果。

2. 程式性

应用文的文体因处理事务方式的不断完善而在种类上和写作格

式上不断充实。如:公文的文面格式包括文头、本体、文尾三个部分,每一部分又由一定的要素构成,写法、位置都有统一规定,不允许标新立异。同样,诉讼应用文有诉讼应用文的写法,经济应用文有经济应用文的写法。而在诉讼应用文中,起诉状、上诉状、申诉状、答辩状等,先写什么,后写什么,又各有不同,都有具体的要求。应用文的格式有的约定俗成,有的由行政机构作出统一规定。正因为它有着相对固定或惯用的格式,因此大家在使用和写作中能共同遵守,也显得更加方便。

3. 真实性

应用文必须以真实为基础和前提。商务应用文则更强调事实材料与客观实际的相互依存关系。文书中的数据正误常常是决策正确与否的主要原因,绝对不允许马虎,有时数据甚至应精确到小数点后的某一位。对数据的分析方法一定要科学合理。

> 商务应用文的真实性决定了它不能有任何夸大或缩小,更不能弄虚作假或无中生有。所涉及的人、事、时间、地点、数据、指向要绝对准确,甚至每一个细节都不允许失真,要符合客观事实,而不能凭作者的个人好恶主观臆断

4. 法规性

一个时代的应用文都要受到时代政治的约束,为特定时代的社会、经济服务。当前我们的商务应用文也受到国家经济政策和法律的指导和约束,许多文书具有强制性和权威性,因此写作一定要严肃认真。

> 商务应用文的法规性要求它既是写作者的立场、观点、决策意图的表现形式,又必须符合经济规律,符合法律

5. 时限性

为使问题在一定的时间内解决,应用文还必须有一定的时限约束,特别是商务应用文,它需要和市场同步,及时处理。所谓商机稍纵即逝,指的就是时限性。

> 商务应用文的时限性要求它服务于经济生活、工作时,必须符合快速和及时的需要

二、实例示析

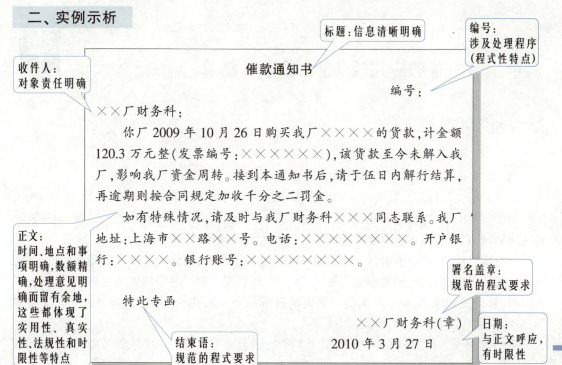

案例简析:

　　上述催款通知书内容清楚,措施合法、合理,符合财经政策。不足之处是没有写明欠款单位购买货物的数量。这样的催款通知书,适用于发生一笔欠款的单位,如果有多笔欠款,则要附欠款清单。由此可见,商务应用文书非常注重实用、准确、得体和完整、规范。

三、复习与训练

1. 本节思考与复习题

　① 什么是应用文书? 其产生的根本原因是什么?

　② 什么是商务应用文书? 它有哪些主要特点?

　③ 应用文与一般文学作品有什么不同?

2. 本节训练与活动方案

　　体验活动一:新生入学,本是一件非常开心的事。可是不巧,张××在注册报到日病倒了。他坚持要上学,可妈妈就是不让,说是万一将重感冒传染给同学怎么办?于是小张的妈妈让隔壁邻居(也是该校新生)捎带一张请假条,向班主任老师请假。

　　活动要求:根据已有的写请假条的信息,撰写一则请假条。内容或格式上有需要补充的事项,请一一酌情补上。

　　体验活动二:白小天向邻居张大田借了600元钱购买"商务通",并在借条上约定借期3个月,每月各还200元。第一个月过后,小白还钱200元,并向小张要回原先的借条,再重新写一张新的借条。

　　活动要求:根据所给材料的提示,仔细辨析,根据所掌握的知识,撰写这则借条。

　　提示:注意措词准确,信息清晰无误。

第二节　商务应用文写作的基本要求

一、知识概述

1. 商务应用文写作的知识技能要求

(1) 注重社会和人文积累,提高法律和政策素养

　　商务应用文写作涉及社会生活的各方面,因此,应用文写作的思想性、文化性、政策性、实用性很强。例如,公文、诉讼应用文、财经应用文等,都是党和国家方针、政策的体现,也涉及一些法律知识,它要求写作者具有一定的法律修养和政策水平。

　　只有博览群书,广泛涉猎,扩大知识视野,丰富知识积累,写作时才能做到博观约取,厚积薄发。尤其是现在,形势的发展变化很快,各门学科呈现出交叉融合的发展趋势,新兴学科不断出现,知识更新很快,科学技术的发展更是日新月异。如果不全面提高自己的科学文化素养,就很难适应工作需要和新形势的挑战。

　　进行商务应用文写作,不但知识要"博",而且还要"精"。因为商务应用文的写作者常常隶属于一定的行业系统和部门,而行业、部门又往往具有专门性、专业性。这就要求作者有合理的知识结构,不仅要具有较宽的知识面,更要精通专业方面的知识,且不能流于一般。当然,"精通"也是相对的。"博"是基础,是前提;"精"是发展,是提升。也就是说,注重社会和人文积累,提高法律和政策素养,要在两者的结合上做文章。

(2) 丰富语言储备,提高语言表达能力

应用文写作是一项语言实践活动。一篇文章明确了主旨,备齐了材料,完成了构思,就可以落笔成文,进行语言的锤炼了。语言是文章的第一要素,直接关系到文章的成败。所以语言修养、语言能力的培养,对于应用文写作者具有特别重要的意义。

商务应用文写作常常使用一些专用语,写专业性强的文章时还要运用一些专业术语,如果不熟悉,写起来就很困难,甚至会闹出笑话。

学习语言,首先要丰富语言储备,尤其是词汇的储备。汉语的词汇非常丰富。词汇储备越丰富,选择的余地就越大,写出来的文章才有更丰富的表现力;如果掌握的词语量很小,文章的语言必然单调乏味。汉语里有大量的同义词、近义词,这就需要写作者具有很强的语言敏感性,能够根据语境和表达的需要选择最准确、最恰当、最富有表现力的词语。读文章,常常能从一句话、一个词看出写作者水平的高下。

有了丰富的词汇储备,还要善于组织运用,善于表达。请看下例:

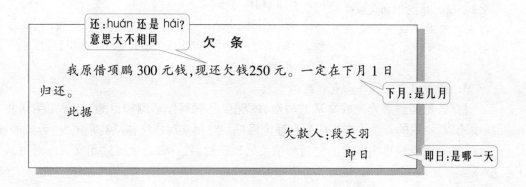

一句话、一个字意义不明,或者文字不变而词序变一变,意思就可能大不一样。如果是一封专用书信,是选择含蓄委婉,还是直截了当的表达方式?具体情况不同,选择就应有所不同。有人说,应用文以实用为本,因此很难生动,很难具有文采。这种看法具有片面性。应用文强调语言简明、准确,而简明、准确也可以写得很精彩。

小贴士

知识与技能总体要求

1. 掌握一般写作知识和写作要领,尤其是语言的运用(梳理)等能力,包括应用文往来的术语、惯例的表述方法等。

2. 了解商务应用文各文种知识和经济活动中的文书处理程序,包括领会交办人意图的能力,掌握收集材料和根据材料撰写相应管理事务应用文的能力等。

3. 学习分析归纳事物、谋篇布局和编排版面的能力,能根据情境需要,较熟练地构思筹划并撰写侧重所学专业的经济活动的各种应用文。

2．商务应用文写作的语言要求

商务应用文主要应用于有商务活动的机关、企业、部门和个人之间的交际领域；写作目的是为了办理往来事务，解决实际的商务贸易和与之有关的问题。商务应用领域和商务应用目的决定了这些应用文的语言具有平实性、直接性、规范性等特点。故而商务应用文的语言要求如下：

（1）准确

所谓准确，是指语言形式要正确地、恰当无误地表达出所要表达的内容，用词用语含义清楚，概念恰当明确，不产生歧义，不引起误会，无溢美之词，无隐恶之嫌。要做到语言准确，首先要认真辨析词义，特别要仔细区分同义词、近义词在适用范围、词义轻重、搭配功能、风格特征等方面的细微差别。

> **商务应用文的语言特点**
> **平实性**：反映的情况，提出的问题、意见、办法、措施都是真实、可靠的
> **直接性**：叙事、说理都直截了当，不含糊其辞
> **规范性**：运用规范的现代汉语书面语言写作；专用的词语和句式在长期实践中形成规范，为人们所沿用

（2）简明

应用文立足于实用，就要讲究表情达意的简洁、明白。要做到简明，首先要精简文意，压缩篇幅，突出主干。其次要合理安排层次，力求避免不必要的重复。最后，要推敲词语，锤炼句子。应该指出的是，简明是以不妨碍内容的表达为前提的，目的是要把事情说清、道明，决不能为了省几个字而使意思含糊不清，产生歧义，引起误解。

（3）得体

所谓得体，是指语言的运用要与行文的目的、对象和谐一致，恰如其分。应用文的语言，讲什么，怎么讲，要区别不同对象和环境，做到恰到好处。

3．商务应用文写作选取材料的要求

材料，是指作者为完成文章的写作，体现自己的写作意图和目的，从现实生活和文献资料中选取、使用的一系列事实根据和理论根据。应用文写作往往从实用出发，看重能够真实、全面、准确地反映事实本身的材料和相关的理论材料。所以，商务应用文写作对材料有以下要求：

（1）收集材料

① 全面：也就是着眼于"博"。注意广泛全面地收集直接相关或间接相关的各种材料。还要针对写作需要，采集手头缺少的但必须占有的直接相关或间接相关的材料。只有材料全面、丰富，写作才能得心应手，保证质量，及时完成。

> **材料的种类**
> • 直接材料和间接材料
> • 历史材料和现实材料
> • 正面材料和反面材料
> • 具体材料和概括材料
> • 事实材料和观念材料

② 深入：也就是着眼于"透"。深入实际采集第一手材料，包括调查、研读和核实。不能满足于感官所及，还要注意捕捉感官之外的信息，透过现象发掘事物的深层本质。

③ 细致：也就是着眼于"细"。精细周密，不忽视任何一个侧面、任何一个细节，不放过任何一个疑点和任何一个可能有价值的材料。

（2）选用材料

① 符合主旨：材料与主旨有直接对应的关系，要选择那些能有效说明主旨的材料，根据主旨需要决定材料的数量、类别和详略。

② 符合原貌:保证材料的真实确凿,不能杜撰,也不能夸大或缩小,引文也必须认真核对,不能有差错;还要能从本质上反映事物的真实面貌,而不是一些偶然现象。

(3) 使用材料

① 确定主次:直接说明、表现主旨的重要材料应置于主要核心地位;配合或间接说明、表现主旨的材料应置于次要地位。

② 确定详略:骨干材料、核心材料要注意详尽;过渡材料、交待性材料或意义有所重复的材料要相应从略。

4. 商务应用文写作提炼主旨的要求

主旨，是通过文章全部内容所表现出来的基本思想和写作意图。商务应用文写作活动总是出于某种商贸事务需要,或是表达某一要求主张,或为解决某方面问题,因此,对问题的认识、态度以及由此产生的意见、办法、要求等,都应直接明确地表现出来,成为表现主旨的基础。应用文的主旨决定写作的方向,构成文章内容的核心。所以,应用文写作提炼主旨的要求如下:

> **主旨的特点**
>
> **客观性:** 主旨是从现实生活、工作实践等客观材料中提炼出来的,它从材料中产生,并且必须与材料相契合
>
> **主观性:** 主旨是作者对材料消化、提炼、开掘的结果。同一材料,由于作者的需要不同、着眼点不同、思想观点不同,也会提炼出不同的主旨
>
> **统率性:** 主旨往往统率全文,包括决定材料的取舍和使用,支配文章的谋篇布局,制约表达手法的运用,甚至影响文章的遣词造句

(1) 正确

主旨要符合客观事物的真实情况,符合科学规律,反映人们对客观事物的正确认识、意见、态度和要求,并能经得起实践的检验。

(2) 深刻

在主旨正确的基础上，要求作者能够抓住矛盾的关键环节,揭示客观事物的本质规律,阐明事物之间的必然联系,具有深刻的思想意义和丰富的内涵。当然,对于应用文来说,并非是不分文体、主旨都要求深刻的。如:对总结、调查报告、经济活动分析报告来说,主旨应该要求深刻;而对于通知、人事任免决定、介绍信来说,则无此要求。

(3) 鲜明

文章的基本思想、作者的基本态度要十分明确,毫不含糊;对问题的认识,对事物的评价,主张什么,反对什么,要求什么,要清楚明白,一目了然。应用文是为事造文,只有主旨鲜明,才能让读者心中明白,把事情办好。

(4) 集中

一篇文章一般只应有一个主旨,材料的使用、谋篇布局、遣词造句,都要为突出这个主旨服务。

5. 商务应用文写作提炼主旨的方法

(1) 比照筛选

材料具有客观性和多义性,对材料具有的意义要全面把握,然后加以比照筛选,摒弃其中较一般化的、平庸肤浅的,择取其精辟、独到、最有价值的作为主旨。

(2) 选准角度

任何事物都是多侧面、多层次的,从不同的角度观察,就会发现事物的不同特点、意义和价值。选角度,要从实际需要出发,从材料本身出发,在主客观统一的基础上求新颖、求深刻。

（3）分析归纳

对所获得的材料要进行去伪存真、去粗取精的鉴别和筛选,然后进行由表及里、由此及彼的深入分析。从大量个别的、特殊的事物中归纳出一般性的、具有普遍意义的结论。

（4）集思广益

个人的智慧是有限的,这就需要集思广益,可以集体讨论,也可以征求他人意见,尤其是领导者的意见。这样,不但可以弥补自己的不足,还可以打开思路,使眼界变得更加开阔。

（5）多种思维

除了借助逻辑思维的方式,还可以运用创造性思维方式,如:逆向思维、发散思维、收束思维等方式,或多种思维方式相结合来提炼主旨。

二、实例示析

标题:信息醒目

内容:信息简明清楚,名曲曲目列出,对交响乐爱好者具有一定的吸引力

上海歌剧交响乐团仲夏夜通俗交响乐音乐会
指挥:林友声

施特劳斯等作品:威尼斯之夜序曲、南国玫瑰圆舞曲、运动快速波尔卡、猎人波尔卡等

演出时间:8月14日晚7:30

票　　价:20、30、40、50元,学生凭学生证对折入场

演出地点:上海音乐厅

二○××年八月七日

案例简析:

这则海报事项周全,信息明确,格式规范。

三、复习与训练

1.本节思考与复习题

① 应用文书一般都比较简短扼要,那么它还有没有提炼主题的必要? 为什么?

② 怎样理解"应用文书的语言朴实而不枯燥"这句话?

③ 应用文书的选材主要有哪些方法? 试就其中某一点作概括说明。

2.本节训练与活动方案

体验活动:作一分钟演讲,介绍自己的班级和同桌。

活动要求:根据所学的应用文书的基础知识,选择有代表性的材料,并选择一个角度,撰写这份演说词,以说得富有特点和获得同学认可为佳。

语言要求:简要、明确、正确、朴实。

第三节 学习商务应用文写作的意义与方法

一、知识概述

商务应用文写作是从事商贸类工作的重要技能之一，也是商贸类专业学生的主干课程之一，为了成为经济类、商贸类的实用操作人才，我们必须努力在课堂中接触、了解、熟悉商务应用文，培养对商务应用文的写作兴趣，由此提升自己的基本专业素质。

就中职学生而言，毕业后从事的工作往往操作性较强，而且实际业务繁杂，不会像课本中模拟的场景那么单纯。这就要求我们在学习期间就要掌握娴熟的表达能力，以应对日后工作中的各种难题。我们必须以"学以致用，以用带学"的思想努力学好商务应用文写作，以期毕业后在工作中可以灵活地运用、操作。

1. 基本功的训练从学习基本理论和培养实际操作的理念开始

商务应用文写作的基本理论是人们通过长期的经济事务往来和应用文写作实践逐步认识和总结出来的，是经过仔细琢磨、调查研究、提炼归纳后的理性认识的结晶。应用文写作的基本理论一般包括自身的写作基本原理和文体知识理论两大部分。其中有各种文体普遍遵循的一般写作规律，也有不同类型文体的特殊写作规律。只有遵循了写作活动的基本规律，才能对商务应用文写作有一个比较全面和完整的认识。对于写作者来说，这是进行商务应用文写作的一个重要的、必需的知识理论准备。

商务应用文又是人们在经济活动和工作中，对所遇到和所要解决的问题获得正确的认识和解决办法之后的书面反映。正确的认识、科学有效的解决办法从哪里来呢？只能在实际操作的基础上调查研究而来，这是应用文写作非常重要的思维方法。特别是经济类的应用文写作，更不是简单的、机械的，而是要结合本地区、本企业、本部门的实际。许多具有重要指导意义的应用文，都是在充分调查的基础上产生的。对于有些写作者来说，某些文章的观点、意见可能直接来自领导或者上层，但追根溯源，他们的观点、意见也应该是，并且只能是调查研究的结果。总之，坚持调查研究是防止主观主义、错误和偏差的重要方法，是保证文章质量的先决条件。也就是说，首先要对实际情况进行调查，获得的材料要全面、真实，然后再认识本质联系，得出正确的结论。

所以，在学习中应该积极地参与一些实际操作的调查研究活动，如：观察实际，收集材料，并写出相应的文种，这对今后从事商贸工作会大有益处。

2. 在积累阅读名篇、案例中潜移默化

在我国，应用文写作的历史十分悠久，从古至今，涌现了一大批名篇佳作。在我国古代，就有许多章、表、奏、议、诏、令、书、疏、祭文等方面的代表作。近现代以来，康有为、梁启超、章太炎、孙中山、毛泽东、周恩来、鲁迅、郭沫若等，也留下了一大批堪称典范的应用性文章。

> 是教材，也是学材；
> 能力为本，读写结合

商场如战场，经济案例的阅读对经济事务处理也会起到很好的作用。古今中外有很多优秀企业的发展轨迹，从简单的原始资本到经济集团的命脉走向，都给我们留下了宝贵的财富。

> 览全局，也突出重点；
> 循序渐进，反复呼应

古今应用文名篇和经济案例的阅读积累，不但可以让我们感受名家的思想、胸襟、情感、文化的熏陶，而且可以让我们学到实战的应用技巧，借鉴其思维方式、立言命意、布局谋篇，甚至对遣词造句的技巧以及逻辑、修辞等方面知识的训练和培养也有很大好处。吸纳和积累前人的经验，对我们的影响是潜移默化的，它可以全面优化我们的心理素养和知识结构。通过实践，又可以转化为应用文写作的能力，提高应用文写作水平。

> 重语文，也重专业；
> 走出课堂，亲近社会

3. 反复操练写作，让概念和程式活起来

学习应用文写作，关键是要完成知识向能力的转化。只有知识，没有能力，知识就是死知识。要完成知识向能力的转化，写作实践是唯一的桥梁。如果只注意死背规范和文种格式，是存在严重缺陷的，必须予以警惕。

写作是一项综合性很强的实践性活动。在写作过程中，会发现自己知识方面的缺陷。写作过程中，知识与知识之间建立起广泛的联系，规范的程式在头脑里就获得了生命力，记忆和理解也就加深了。

二、复习与训练

1. 本节思考与复习题

① 作为商贸类专业的学生，学习和训练商务应用文写作有什么意义？

② 学写商务应用文书的基本方法有哪些？你认为对于自己来说，哪个较为重要？

③ 你怎样理解"本书既是教材又是学材"的观点？

2. 本节训练与活动方案

体验活动：分组联系若干小型企业，或者登陆某些企业网站，根据本书目录中所列的商务应用文文种，收集各家公司的应用文使用情况，并以此为据说明日常工作中商务应用文书所发挥的积极作用。

活动要求：可以设计一个调查表，比如文种的有无、数量的多少(大致的密集程度)、版式的丰富与否等。本活动目的在于帮助我们拓宽思路，并掌握一定的收集材料的方法。

第二章　管理事务文书

第一节 计 划

一、知识概述

计划是为将要进行的工作或需要完成的任务提出预想目标、制订具体实施办法而写作的应用文体。一般而言，做事情预先作出安排和打算，就较易成功。因此，计划的应用范围很广，作用很大。有了计划，工作才有方向，人们才能避免盲目性，增强自觉性；有了计划，才能合理安排使用人力、物力、财力，取得事半功倍的效果；有了计划，才便于检查、督促、总结，不断改进工作。从商业部门来说，有了计划才能更好地认识和运用经济规律，参与市场竞争，扩大经营，提高经济效益。

计划具有以下特点。

1. 目的性

制订计划首先要考虑"做什么"，即在一定的时限内，要完成什么任务，取得什么效果，各项指标必须具体明确。没有奋斗目标，也就做不成计划，因此目的性是计划最显著的特点。

2. 预见性

计划是事先对一些有利条件和不利条件进行充分的分析和估计，提出相应的有效措施。因此计划的预见性是对客观形势与任务的清醒认识。

3. 可行性

计划的可行性是指在未来工作中能给予正确指导，措施与方法切实可行，既不盲目冒进，也不固步自封，经过努力可以实现预想目标。

4. 严肃性

在制订计划时应态度认真不随意，执行时应步调一致常检查，保证按时、按质、按量完成既定任务，决不能让计划成为一纸空文。

二、写作指要

计划的基本格式一般由标题、正文、落款等项构成。

1. 标题的写法

标题一般应标明单位名称、适用时限、内容、文种，如："××市商业局××××年工作计划"。也可以采用公文式标题的写法，如："关于××××年中秋、国庆双节供应工作的安排"。适用时限这一项，也有不同的情况，跨年度的计划有的就不标时限，如："关于在财贸职工中开展职业道德教育的计划"；有的则在标题下加括号注明。另外，如果所订计划还没有最后定稿，可在标题下加括号用"初稿"、"草案"、"讨论稿"等字样加以说明。

2. 正文的写法

计划正文的格式有条文式、表格式、综合式三种。

重点一：计划的特点
目标明确，构想前瞻；
步骤可行，态度严肃

重点二：计划的别称
安排：短期事项计划
打算：近期原则意见
意见：上级下达任务
要点：上级布置工作
规划：长期工作构想
设想：事项初步考虑
方案：具体实施计划
部署：全面工作布置

重点三：计划正文格式
条文式：文字通过小标题和序码来逐一阐明
表格式：根据固定的常规表式进行填写
综合式：文字与表格相结合的正文写作形式

重点四：计划正文三要素
①指导思想和基本情况；
②任务指标；
③方法、步骤和措施

计划正文通常分前言、主体和结尾三部分。前言叙述指导思想和基本情况;主体阐述任务指标、方法、步骤和措施;结尾概括内容或发出号召等。

（1）前言

写指导思想,交代制订计划所依据的原因,分析客观形势,指出已有成绩和问题,提出当前任务、奋斗目标等。语言简要、清晰。

（2）主体

这部分是计划的中心内容,主要写任务指标、方法、步骤和措施,着重回答"做什么"、"怎么做"、"要做得怎样"三个问题。

（3）结尾

结尾主要写计划实施、修改等要求。如果这些内容已在主体部分写了,可不加结尾。

3. 落款的写法

标题中如未标明制订计划的单位名称,要在正文右下方具名。日期要写清年月日,一般写在正文右下方,也可加括号写在标题下面。

小贴士

计划的结构

1. 标题
2. 正文
（1）前言:指导思想、基本情况
（2）主体:任务指标、方法步骤

（并列式—综合性计划）
① 任务指标（做什么）
　方法步骤（怎么做）
② 任务指标（做什么）
　方法步骤（怎么做）
③ 任务指标（做什么）
　方法步骤（怎么做）
……

（递进式—专题性计划）
① 任务指标（做什么）
② 方法步骤（怎么做）
（3）结尾:实施要求
3. 落款

三、实例示析

示例一:（条文式）

参考样式

20××年度工作计划

张××

　　转眼之间已经进入20××年了。新年要有新气象,在总结过去的同时,我们要对新的一年做一个好的计划。我工作时间不长、经验不足,很多方面都应该对自己有一定的要求,这样才能在新的一年里有更大的进步和更好的成绩。

　　20××年是我们××房地产公司发展非常重要的一年,对于我这样一个刚刚踏入房地产中介市场的新人来说,也是充满着挑战、机遇与压力的一年,所以我要调整好自己的工作心态,增强责任意识和服务意识,充分认识并做好房产中介的工作。我在朱××和郭××两位好师傅的热心帮助下,已经逐步了解了本部门的基本业务工作,也充分认识到自己在各方面的不足。为了尽快地使自己成长为一名职业经纪人,特订立20××年度工作计划如下:

　　一、熟悉公司的规章制度和做好基本业务工作

　　作为一位新员工,尽管在过去的半年中了解了公司的基本业务,但我距离一个合格业务员的标准还有较大的差距,因此,希望公司以后有时间能定期为新员工组织学习和培训,以便工作起来能够得心应手。

　　① 在第一季度,以业务学习为主。由于我们公司正值新季度开张期间,部门的计划制定还未完成,节后还会处于一个市场低潮期,我会充分利用这段时间补充相关业务知

识、认真学习公司的规章制度,与公司人员充分认识、合作;通过到周边镇区工业园实地扫盘,以期找到新的盘源和了解镇区工业厂房情况;通过上网、电话、陌生人拜访等多种方式联系客户,加紧联络客户感情,争取组成一个强大的客户群体。

②在第二季度的时候,估计工业厂房市场会迎来一个小小的高峰期,在前期学习和工作的基础上我将对业务有更多的了解,我要努力争取尽快开单,不断提高业务量。

③借助第三季度的"十一"、"中秋"双节,市场会给后半年带来一个良好的开端,并且,随着我公司门店数量的增加,一些规模较大的客户将可以逐步渗入进来,这就为年底的房产市场大战作好充分的准备。届时我将同公司其他员工竭尽全力为公司进一步发展作出努力。

④年底是一年工作当中的顶峰时期,加之我们一年的房产推介、客户推广,我相信这是我们部门最热火朝天的时候。我们部门会充分地根据实际情况、时间特点去做好客户开发工作,并根据市场变化及时调整我部的工作思路,争取把房产销售业绩做到最大化!

二、制订学习计划

房地产市场中介是需要根据市场变化来不断调整经营思路的工作,学习对于业务人员来说至关重要,因为它直接关系到一个业务人员与时俱进的步伐和业务方面的生命力。我会适时地根据需要调整我的学习方向,来补充新的能量。工业知识、营销知识、部门管理等相关厂房的知识都是我要掌握的内容,知己知彼,方能百战不殆。在这方面还希望公司和部门师傅给予我们业务人员支持,经常提供给我们成长的机会,使我们能够在实践中增长知识和才干。

三、加强自己思想建设

我深深知道,一项事业的成功,需要依靠团队的力量,所以我要增强全局意识,增强责任感,增强服务意识,增强团队意识,积极主动地把工作做到点上、落到实处。我将尽我最大的努力减轻领导的压力,让自己为公司贡献更多的成果,让自己伴随着公司的成长而健康成长。

以上,是我对20××年的一些设想,可能还很不成熟,希望领导指正。"火车跑得快,全靠车头带",我希望得到公司领导、部门领导的正确引导和帮助。展望20××年,我会更加努力、认真、负责地去对待每一项业务,也力争赢得机会去寻求更多的客户,争取更多的订单,完善本部门的工作。我相信自己会完成新的任务,能迎接20××年新的挑战。

二○××年一月八日

案例简析:

从标题看,这是一份专题性的工作计划。该计划标题由适用时限"20××年度"、内容"工作"和文种"计划"三部分组成;由于是个人计划,该标题省略了"单位名称"一项。正文采用了条文式写法。前言两段先是交代自己新员工身份,以突出"个人计划"的必要性。然后交代了计划必须涉及到的形势背景分析:一是交代自己是一个房地产中介公司的新员工,因而有了一个基本的工作计划定位;二是自己的奋斗目标是要成长为一名职业经纪人,因而才有主体部分"加强思想建设、努力学习和积极工作"的计划内容。主体内容三方面是前言部分的自然延伸,其中详写第一部分,有指导思想,有任务目标,也有方法步骤,计划要素齐全,这就显得既突出重点,又比较周全。落款处因计划人名称已在标题下方出现,所以只写日期。

重点五:写作要领
项目多要分条;
数字多要列表;
目标任务要明确;
措施步骤不可少

示例二：（表格式）

参考样式

××人事考试中心 2010 年度专业技术人员资格考试工作计划
2009 年 10 月 8 日

序　号	专　业　名　称		日　　期
1	职称外语		4 月 10 日
2	注册咨询工程师(投资)		4 月 22 日、23 日、24 日
3	注册设备监理师(首次考试)		4 月 23 日、24 日
4	注册建筑师	一级	5 月 14 日、15 日、16 日、17 日
		二级	
5	监理工程师		5 月 14 日、15 日
6	环境影响评价工程师(首次考试)		
7	会计		5 月 21 日、22 日
8	二级、三级翻译专业资格(水平)试点		5 月 28 日、29 日
9	土地登记代理人		
10	计算机技术与软件		5 月 29 日
11	棉花质量检验师		5 月 29 日至 6 月 4 日
12	注册税务师		6 月 17 日、18 日、19 日
13	卫生		6 月 18 日、19 日
14	质量		6 月 19 日
15	价格鉴证师		9 月 9 日、10 日、11 日
16	注册资产评估师		
17	国际商务		9 月 10 日、11 日
18	注册安全工程师		
19	注册核安全工程师(首次考试)		
20	注册城市规划师		10 月 15 日、16 日
21	造价工程师		
22	执业药师		
23	房地产经纪人		
24	房地产估价师		
25	企业法律顾问		
26	审计		10 月 16 日
27	统计		
28	出版		

商务应用文写作

序　号	专业名称		日　　期
29	一级建造师		
30	勘察设计行业	注册土木工程师　岩土	10 月 22 日、23 日
		注册土木工程师　港口与航道	
		注册化工工程师	
		注册电气工程师	
		注册公用设备工程师	
		注册结构工程师　一级	
		注册结构工程师　二级	10 月 23 日
31	计算机技术与软件		11 月 5 日
32	经济		11 月 6 日
33	二级、三级翻译专业资格(水平)试点		下半年日期待定
34	计算机应用能力		各地自行确定

案例简析：

　　"示例二"是一份表格式计划。标题也采用了制订计划的单位名称、适用时限、工作内容加文种的写法。正文用表格的形式把将要进行考试的项目和考试日期列出，一目了然。因标题中已注明制订计划的单位名称，标题下已注明日期，所以正文后不再落款。

四、写作步骤

　　① 确定目的任务；
　　② 研究方法措施；
　　③ 选定写作格式；
　　④ 依次反映内容；
　　⑤ 推敲修改文书。

五、复习与训练

1. 本节思考与复习题

　　① 制订计划有什么重要意义？
　　② 计划的特点主要有哪些？
　　③ 计划必须要写明的内容有哪些？

2．本节训练与活动方案

体验活动一：南京市××、××等四个区的依法治区领导小组办公室，商业局，新百商店、中央商场等15家商场、公司，以及南京日报、南京电视台、南京有线电视台、南京新闻广播电台、南京经济广播电台、今日商报等有关新闻单位共五十多人将于9月22日到24日来我市了解依法治市和考察商业系统依法治理和行风建设的情况，并进行学习交流。请代我市商业局制订一份接待考察活动的计划。

活动要求：进行小组讨论，明确活动意义、内容、活动日程安排及组织领导等，然后用条文式写法将讨论内容一一反映出来，要求内容完整，格式正确。

体验活动二：讨论制订一份本学期本班级的文体活动计划。

活动要求：广泛征求同学们的意见，活动内容具体可行。用表格式反映计划内容。

第二节　总　结

一、知识概述

　　总结是对过去一个时期所做的工作进行自我回顾和评价的实用文体。人们对于客观世界的认识总是有个实践、认识、提高的过程，经常总结成败得失的经验与教训，会有利于今后的实践。商务工作者面对日新月异、瞬息万变的商品市场，更应及时地总结经验教训，对商品流通中的各项活动进行回顾、分析，从中找出商务工作的规律，统一思想，提高商务工作的管理水平和经济效益。通过总结，也可让上级领导了解我们取得了哪些成绩，从而给予肯定。

　　总结具有以下特点。

1．阶段性

　　总结要反映的是前一段时间"已经做了什么"和"怎么做的"，是对某项工作进展情况和结果的鉴定。因此总结有认识上的阶段性。

2．自我性

　　总结是对本部门、本单位的前一阶段工作的自我回顾、自我分析、自我评价，因此总结具有自我性。

3．论说性

　　总结要从实际出发，实事求是地运用辩证唯物主义和历史唯物主义的思想方法，去分析、研究实践过程中所涉及的环境、形势、是非、功过、得失等，并加以论证，才能从中找出成功的经验或失败的教训。因此总结带有论说性。

4．指导性

　　总结的目的是为了提高思想认识，指导今后扬长避短，更好地开展工作，因此总结具有指导性。

重点一：总结的特点
阶段反省，定时定期；
自我回顾，梳理思路；
论说为主，辩证分析；
指导实践，扬长避短

重点二：总结的类型
综合性：全面回顾和检查，内容包括思想认识、办法措施、经验教训、存在问题等
专题性：一般是专项工作汇报，或者是选取工作中的某些突出成绩、典型经验，或某些带有普遍意义的问题进行专题总结，以指导全面工作

重点三：总结内容要素
汇报工作：概述、做法、体会、目标
总结经验：概述、成绩、做法、体会、目标

商务应用文写作

二、写作指要

总结的基本格式一般由标题、正文和落款三项构成。

1. 标题的写法

总结的标题有以下三种写法：①公文式标题，如："××市商业局××××年工作总结"。旨在使读者了解总结概况。②文章式标题，如："租赁经营好，企业有活力"。旨在直接标明总结的基本观点，便于读者抓住中心。专题性总结，特别是经验总结常用文章式标题。③复合式标题：即上述两种标题的复合使用，如："坚持责、权、利结合，建立经济核算制——××市××区百货行业开展全面经济核算工作的总结"，正题用文章式标题点明总结主要观点或基本经验，破折号后是副题，用公文式标题补充说明总结单位、时限及内容，使读者在读正文前就对总结的有关情况有所了解。

2. 正文的写法

总结的正文有两种写法，侧重汇报工作的一般包括四个方面的内容：一是基本情况，二是工作过程与做法，三是总结得失体会，四是今后努力方向。侧重经验介绍的一般写三方面内容：一是基本情况，二是成绩与做法，三是体会与努力目标。

总结正文的写作格式有条文式和文章式两种。都可以分为前言、主体、结尾三部分。所不同的在于条文式的主体部分是分条列项撰写，条与条之间可以是并列关系，也可以是递进关系；而文章式一般是根据对材料的认识概括出几个小标题，再分成若干段来撰写。

3. 落款的写法

总结的标题中如已有单位名称，或在标题下已署名的，只需在正文的右下方写上日期即可。

三、实例示析

参考样式

2009年税务工作总结

××区地方税务局

2009年，我局在市局和××区委、区政府的正确领导下，以党的"十七大"精神为指导思想，遵照"法治、公平、文明、效率"的新时期治税思想，紧紧抓住组织收入这个中心不放松，从严治税，从严治队，加强精神文明建设、党风廉政建设和信息化建设，全局干部、职工发扬艰苦奋斗的作风，同心协力，真抓实干，"单项工作争第一，全面工作创一流"，圆满完成了市局敲定的税收任务。现将我局一年来的工作总结如下：

一、以组织征收为中心，狠抓征收管理

一年来，我局紧紧抓住组织收入这个中心不放松，发扬"四铁"精神，"加强征管，堵塞漏洞,惩治腐败,清缴欠税",采取了一系列措施,确保了应收尽收。我局截至12月18日共组织收入5780万元;区级年收入预计将完成6350万元,完成数已占年计划的91.02%,以上任务的完成,我们主要采取了以下措施:

1. 全员抓收入,实行目标管理

2009年,我局区级收入任务为6350万元。××区经济以现代服务业为主,有不少利税大户,但是有不少单位和个人的纳税意识淡薄,税收环境并不理想,2008年税收仅实现2650万元。市局敲定的2009年税收任务十分艰巨。面对困难,我局干部职工没有退缩,再次对全区税源进行了调查摸底,强化组织收入工作的中心地位,确保思想认识到位、征管力度到位、措施落实到位。年初,区局与各基层单位签订了目标管理责任书。为强化目标管理,我们实行"局长包片,科室包所,连带责任追究制";定任务,定目标,实行奖优罚劣,由此形成了"人人心中有指标,千斤重担众人挑"的齐抓共管局面。

2. 加强税源监控,严格税源管理

在组织征收工作中,全局干部职工牢固地树立了全方位税收观,抓大不放小,对重点税源与零星税源、大税种与小税种一视同仁,最大限度地限制跑、冒、滴、漏现象的发生。年纳税额在10万元以上的企业,我局领导进行了分户定责,跟踪管理,做到对重点税源心中有数。同时,我局乘今年整顿和规范税收秩序之东风,还加强了对集贸市场的综合治理,合理调整了个体税负,调整面不低于90%,税负调整率不低于10%;加大了对加油站、砖瓦场、建筑市场、房屋租赁、医疗机构等行业的专项检查,有效地防止了税源的流失。仅对加油站的专项检查就查补税款115万元,罚款55.7万元。

3. 加大稽查力度,打击涉税犯罪

今年,我局加大了稽查和打击抗税行为的力度,进行了营业税、所得税等税种的检查和发票使用情况检查,坚持向征收管理要收入,向稽查要收入。

4. 全面细致地做好企业所得税汇算清缴工作

从二月初到四月中旬,我局对全区应纳企业所得税的纳税户进行了2008年的企业所得税清缴,共检查企业525户,查补税款1267万元,罚款338万元。

5. 加强教育,依法行政

在征收工作中,我局教育和要求干部、职工遵照"应征不漏,应免不征"的原则,做到"依法征收,应收尽收,坚决不收过头税",坚决杜绝有税不收或收过头税、人情税、关系税等现象。

二、凝聚人心,转变作风,文明办税

1. 用兵的前提是爱兵

在今年的工作中,局领导班子视同志为兄弟姐妹,在工作上给职工关心、支持和爱护;在生活上尽最大努力为职工办实事,千方百计解决职工的实际困难。在去年基层所建设的基础上,今年又改造了4个基层所和两个办公楼,并为基层所协调交通工具。领导处处关心同志,同志时时支持领导工作,全局上下凝聚在了一起,紧紧地团结在领导班子周围,形成了一个风正人和、人人爱岗敬业、个个奋进争先的合力局面,使××区地税队伍焕发出了前所未有的生机和活力。

2. 转变作风,优质服务,文明办税

今年,我局按照市局的要求,在全局深入持久地开展了"转变作风,优质服务,文明办税"

活动。采取了内外结合,广开言路,查找、剖析本单位和个人在思想作风、工作作风和行业风气方面存在的突出问题,有针对性地制定整改措施。我们还广泛征求了各级政府、社会各界人士和纳税人的意见,主动接受他们的评议和监督,以完善规章制度和改进工作作风。

3. 加强制度建设,促进规范化管理

今年,我局在原有规章制度的基础上,重新讨论制订了《××区地税局考勤及值班制度》、《加强临时人员管理若干规定》和《干部职工违反工作制度经济处罚及责任追究管理办法》,做到以制度管人,用制度理事。一年来,全系统实行了早点名、午签到制度,对违反制度迟到早退者实行当天黑板公布名单,月末扣除工资;全年全系统实行了轮流值班制度,局机关三人上岗,基层所双人值班,做好值班记录,并不定期对值班情况进行抽查,给予违反制度者经济处罚和通报批评。不管是局领导还是一般同志,谁违反制度处罚谁。今年局机关共处罚迟到、早退人员21人次,罚款340元。对于制订的制度,局领导都能够身体力行、率先垂范,带头规范着装,带头参加点名和夜间值班,形成了制度面前人人平等、干部职工互相监督、共同治局的可喜局面。为使各项制度落到实处,今年8月,我局抽调20名人员组成5个检查组,对基层税收票证、应税发票、安全保卫、考勤值班、廉政建设等各项制度进行"回头看",为确保检查实事求是、不走过场,区局要求各组写出书面报告,检查人员签名盖章,以后如果出了问题要实行责任追究。

4. 合理轮岗,加强对临时工的管理

针对我局临时人员较多,政治素质、工作能力、知识层次参差不齐,多数工作在征收一线等特点,我局于上半年顶住来自各方面的压力,对全系统临时人员进行了大幅度调整,对在同一岗位上工作时间超过三年的临时人员,全部进行了轮岗交流,从而促使了临时人员的廉洁自律意识和爱岗敬业的自觉性。

5. 建立文明办税社会监督网络,为纳税人提供优质服务

今年,我局遵照省局《关于文明办税"八公开"实施办法》和市局相关要求,在机关大院设置了公示专栏,在县城主要大街公示"八公开"内容,各基层所也在各辖区设置了公示专栏。同时,县局聘请县、乡两级企业界和社会知名人士为文明办税社会监督员,建立了文明办税社会监督网络,有效地促进了文明办税的开展和质量。

6. 联合办公,提高工作效益

今年10月份,我局根据市局和区委指示,及时向"××区便民服务中心"派驻人员,与其他职能部门联合办公,真正把文明办税、优质服务落到实处。

三、与时俱进,加强信息化建设

新《征管法》和《新征管法实施细则》正式实施以来,我局把认真宣传和贯彻《新征管法》、加强信息化建设当作一项重要工作来抓。在全体干部职工学法、懂法的基础上,在实际工作中向社会各界和广大纳税人做了大量的宣传工作,使广大纳税人了解新税法,增强依法纳税意识,得到了他们的支持和配合。

今年上半年我局投入20万元资金,购置了13台计算机及网络服务器、ups(不断电电源)、激光打印机、数码相机、摄像机、扫描仪、碎纸机等办公自动化配套设施,局机关于9月份实现了无纸化办公。今年7月份"××区地方税务局网站"局内局外网同时开通,为税法的宣传落实、为地税形象的塑造起了重要作用。

四、依法治税,依法行政,大力整顿纳税环境

1. 治本为主,标本兼治

......

2. 整治企业经营环境,提高服务质量

......

3. 搞好税法宣传,创造良好的纳税环境

......

五、发扬艰苦奋斗的作风,开展党风廉政建设

一年来,我局坚持围绕税收抓廉政,抓好廉政促税收,加大责任追究,强化对"两个权力"的监督制约,使党风廉政建设健康发展。

1. 认真落实党风廉政建设责任制

......

2. 加强教育,警钟常鸣

......

3. 建章立制,强化监督

......

4. 廉洁自律,有效监督

......

六、存在的不足和问题

① 公民纳税意识尚需进一步增强。目前依法治税的原则时常受到冲击,偷税、抗税案件时有发生,地税司法体系需进一步完善和加强。

② 基层征收单位征管手段还有待进一步完善,全局实现信息化进程还比较缓慢,这就难以适应征管改革的需要。

③ 基层税务所、征收一线的管理人员整体素质还有待于提高。

二〇一〇年二月一日

案例简析:

本案例是一份专题性工作总结。例文标题由总结时限"2009年"、总结内容"税务工作"和文种"总结"三部分组成。由于总结的内容一般都较多、篇幅都较长,因此正文采用了典型的条文式写法,结构显得清晰明了。前言交代了工作目标、工作依据、干群精神面貌以及年度工作成果,概述要言不烦,然后用"现将我局一年来的工作总结如下"一句过渡到正文主体。主体部分按照总结的基本要素分项列条,条理清楚,内容完整,有观点,有支撑材料,显得很有说服力。本示例最后还列出"存在的不足和问题"一项,使年度总结显得更完整,也为新的年度工作计划提供了必要的基础。

四、写作步骤

① 广泛收集材料;

② 对材料进行核实、分析、归纳;

③ 构思写作框架；

④ 按照写作格式依次反映内容；

⑤ 修改润色。

五、复习与训练

1. 本节思考与复习题

① 总结有什么作用？

② 总结有什么特点？

③ 总结必须要写明的内容有哪些？

2. 本节训练与活动方案

体验活动一：职业技术教育重在组织和积极参与各种社会实践、学习实践活动，从中将所学专业知识与实际相结合，使自己积累知识，锻炼工作才干，了解社会信息。请联系自己所参加过的社会实践活动，写一份专题性总结。

活动要求：要联系自己的学习体会或所见所闻，注意选材的典型性和指导性。建议使用文章式表述。

体验活动二：不少同学往往对数学、外语课头痛不已，成绩也很不理想。为了扭转这种状况，信息技术专业07(2)班同学组织了一次主题班会，请几位成绩比较好的同学上讲台作经验介绍。请撰写这份总结。

活动要求：以自己的学习体会为基础，以经验介绍人为落款，撰写一份经验介绍型总结。要有事实材料，有分析归纳，内容完整，有较为生动的体会，格式准确。

第三节 规章制度

一、知识概述

规章制度是国家机关、社会团体、企事业单位为了建立正常的工作、学习、生产、生活秩序，由领导制订或由群众集体讨论规定的、具有法规性和约束力的应用文书。建立和健全各种规章制度，有利于加强管理，明确职责，协调工作；有利于提高服务质量，取得良好的经济效益和社会效益；有利于社会道德规范，维护正常秩序。

规章制度具有针对性、法规性和稳定性等特点。

1. 针对性

规章制度都有确定的适用对象和使用范围。有的是国家、企事业单位针对现实需要制订的，有的是人们为了自律而制订的。

> **重点一：规章制度特点**
> 内容的针对性；
> 颁发的法规性；
> 执行的稳定性

2. 法规性

规章制度多为政府的重大法令及用于规定各种业务的办事标准程序，一般由国家立法机关和行政机关以行政命令的形式发布施行，因而具有相当的约束作用，对违者将追究违法违纪责任。

3. 稳定性

规章制度公布后,应持续相当一段时间,如经常改动,会造成秩序混乱。如遇形势发生重大变化而非改不可,一般也往往是对原有条目的修订。

二、写作指要

规章制度种类繁多,但写作格式和要求基本相同,一般包括标题、正文、落款三个部分。

1. 标题的写法

规章制度的标题有以下几种拟法:①制发单位+规章内容+规章种类,如:"国务院关于审计工作的暂行规定";②适用对象+规章内容+规章种类,如:"××公司职工奖惩办法";③制发单位+规章种类,如:"中国共产党章程";④适用对象+规章种类,如:"机关工作人员守则";⑤规章内容+规章种类,如:"广告管理条例";⑥规章种类名称直接作标题,如:"注意事项"。

如果所订规章制度是草案或暂行、试行的,可以在标题内规章种类名称前写明,也可在标题后面或下面加括号注明,如:"××商场职工奖励暂行办法"或"××商场职工奖励办法(试行)"。

2. 正文的写法

规章制度的正文部分大致有分章列条设款式和条文式两种格式。

(1) 分章列条设款式

当内容多、涉及面广时,可以把全文分成若干章,章下列若干条,条内根据需要设若干款项。第一章称为总则,说明制订这份规章制度的目的、依据、指导思想、总的要求等;最后一章称为附则,说明这份规章制度的解释权限、适用范围、实施办法、实施日期等;中间各章称为分则,说明具体要求。"总则"、"附则"字样作为第一章和末章的小标题出现,分则部分每章的小标题则是该章内容的概括。

(2) 条文式

全文大致分前言、主体和结尾三部分。前言行文极简要地说明制订目的、依据等,然后用"特制订本制度"之类的惯用语过渡到主体部分。主体部分分条列出规章制度的具体内容,每条都用汉字标序。结尾说明实行日期,提出希望及要求。也可不分层次,开篇直接列条陈说,"条"完文完,干净利落。有的公约用整齐的句子来表述,不标序码,琅琅上口,易诵易记。

3. 落款的写法

正文结束之后,要在正文右下方注明制发单位名称和日期。如果制发单位名称已在标题中出现,可不再写。重要的规章制度常把批准、通过、颁布的机构、会议、日期等加用圆括号,在标题正下方注明。

三、实例示析

示例一:法规性规章制度(条文式)

重点二:规章制度种类

法规性规章制度:按照一定的权限制订或批准,并以行政命令的方式发布实施的规章制度,诸如条例、办法、规定、细则、制度、章程等

公约性规章制度:群众为了实现某一目标,经集体讨论而自愿制订的规章制度,诸如守则、须知、公约等

重点三:规章制度写作内容

目的、依据、总的要求、具体要求、解释权限、适用范围、实施办法、实施日期等

××服饰有限公司小车管理规定

为进一步完善公司车队内部管理制度,增强文明驾驶、安全高效、优质服务意识,预防和杜绝交通违章和各类事故的发生,保障公司生产运输工作的顺利完成,特制订如下规定:

一、车辆使用规定

1. 车辆由总务部统一管理,用车由总务部统一安排,去向由总务部开具《派车单》;

2. 从严控制因私用车和车辆外借。凡遇有特殊情况者,须与总务部联系,并经董事长同意后方可照顾派车。

二、车辆管理规定

1. 所有车辆必须按规定停放,没特殊情况,车辆不准在外过夜。

2. 每天对车辆需进行晨检工作,每季度车队对所有车辆进行一次全面安全检查,并记录台账,杜绝带故障出车,确保行车安全。

三、驾驶员管理规定

1. 严格遵守各项规章制度,加强车辆保养,保持车况良好、车容整洁。

2. 全队人员应积极参加公司组织的各项活动。

3. 车队对车辆统一安排调度,无出车任务时,驾驶员应在公司待命,接到出车任务不得无故推诿,经发现查实,第一次给予批评教育,屡教不改给予停驶检查,停驶期间,取消驾驶员享受的一切待遇。

4. 严禁出私车(凡未经领导同意,驾驶员擅自将车辆开出,均视为出私车),凡发现出私车,第一次予以批评教育,屡教不改者停驶检查。因擅自出车,造成一切后果,由驾驶员自负。

5. 严禁酒后违章开车,确保行车安全。

6. 严禁虚报冒领停车费、过路费,发现一次全额退赔,发现两次以上停驶检查。

7. 按照公司安排的车辆驾驶,不得私自更换车辆,不得擅自将车辆以任何方式给其他人员驾驶,违反规定者,造成的经济损失或其他后果,均由驾驶员本人承担。

8. 在公司内部区域,行车要缓慢,倒车要小心,如造成公司财产损坏者要全额赔偿。

四、车辆修理规定

提倡车辆"有病必治,有障即除"的原则,使车辆彻底消除隐患,杜绝带故障出车,确保行车安全,把事故控制到零。

1. 车辆维修由车队归口管理,严禁擅自外出维修。

2. 车辆出现故障,需报车队和公司领导同意后方可按指定地点外出维修。

3. 车辆出现故障,经维修人员检修后,如需调换配件,应及时向分管领导汇报。

4. 如发现在维修保养、领用配件等方面弄虚作假,一经查实,严肃处理。

5. 人为造成车辆损坏,造成车辆维修的维修费用公司承担50%,驾驶员承担50%(如:发动机没机油、没水等)。

本规定自二○××年三月一日起执行。

二○××年二月二十日

案例简析:

　　小车管理事关人身安全和单位经济成本核算,因此是有关单位的一项重要工作。本案例全文共17条,分成四个部分来写,就有助于记忆和管理。全文首先有一段前言,交代制定本规定的目的和指导思想,然后用"特制订如下规定"一句过渡到主体部分。主体内容分别从车辆使用、车辆管理、驾驶员管理和车辆修理四个方面阐述具体事项要求,有"规"有"定",针对性强,显得简明扼要,层次清晰。由于在标题中已经出现单位名称,在结束语处出现了具体的生效执行时间,所以本案例就无需专门落款。

　　示例二:公约性规章制度(条文式,无序号)

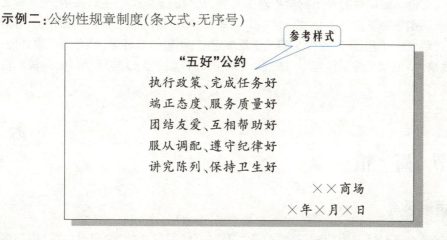

参考样式

"五好"公约

执行政策、完成任务好
端正态度、服务质量好
团结友爱、互相帮助好
服从调配、遵守纪律好
讲究陈列、保持卫生好

×× 商场
×年×月×日

案例简析:

　　本公约由某商场营业员集体制订,由营业员自觉遵守。标题用"五好"概括了公约内容。正文分设五条叙述约定遵守的"五好"内容。全文语言简练,句式整齐,诵记方便,寻查容易。

四、写作步骤

　　① 收集整理制定规章的有关讨论意见;
　　② 根据性质、内容确定写作格式;
　　③ 根据写作要求依次反映规章内容;
　　④ 字斟句酌,认真修改;
　　⑤ 复核款式,润饰版面。

> **重点四:写作要领**
> 政策作依,法令为据;
> 条款结构,说明方式;
> 内容具体,全面实在;
> 措词简要,不含混歧义;
> 条理清楚,不交叉矛盾

五、复习与训练

1. 本节思考与复习题

　　① 制定规章制度的意义是什么?
　　② 规章制度有哪些种类?
　　③ 规章制度的主要内容为什么多采用分条写法?

2. 本节训练与活动方案

　　体验活动一:××饮食店为提高服务质量,打算制订服务公约,请根据自己所学知识和生活经验,代为拟写。

商务应用文写作

活动要求：与老师、同学交流，并做调查研究，确定饮食服务行业必需的规章具体内容，再按写作要求进行写作，力求切实可行。

体验活动二：××厂为加强物资管理，专门召开会议讨论制订物资出厂管理的有关规定。讨论意见是：①物资出厂时间从上午8点到下午5点。特殊情况必须由主管部门负责人签字盖章，经检查后才能出厂。②来料加工或职工自带工具、物资，必须在进门时由门卫先行登记。加工完毕，出厂手续办妥后，须由门卫注销。③全厂物资工作实行集中管理，分口负责。④维修厂房用的木料、砖瓦、沙、灰、水泥等物资，由行政科主管人员审批，办理领料手续和出门证，仓库方能发料。⑤对暂不能结算的外出物资和外借物资，必须由主管部门盖章签字，凭手续签单提货出门。⑥一切销售物资，如：产品、原材料、工具等，由归口管理部门开票，由财务科办理收款手续，仓库凭票发货，门卫凭票放行。⑦凡违反规定者，不管情节轻重，都必须严肃处理。

活动要求：请根据上述讨论意见，按规章制度的写作要求加以整理、添补，为该厂拟制一份规章制度。

第四节　简　报

一、知识概述

简报，就是信息和情况的简要报道，也称"简讯"、"情况交流"、"情况反映"、"内部参考"。它是单位内部为迅速反映日常工作和业务活动情况而编发的带有新闻性质的书面材料。简报的编发不仅便于上级领导及时了解掌握下情，为领导机关制定方针政策提供可靠的依据，也便于下级单位正确领会上级的有关指示和工作意图，及时得到指导和帮助并参照落实，而且还便于平级单位之间沟通情况、交流经验、探讨问题，并作为工作参考，取长补短、彼此协调、互相配合，加快工作步伐。另外，简报也可为报刊、杂志、电台、电视台的宣传工作提供线索和资料。

简报具有简、快、新、准等特点。

> **重点一：简报特点**
> **简**：措词简明扼要
> **快**：反映迅速及时
> **新**：内容真实新鲜
> **准**：情况准确可靠

1. 简
每篇简报文章一般只反映一件事，而且篇幅多限于千字以内。

2. 快
简报由单位内部编发，内容简明扼要，形式简便灵活，反映情况、传递信息更加迅速、及时。

3. 新
简报报道单位内部发生的新情况、新问题、新经验，才有参考价值。

4. 准
简报报道身边事，事件、人物、时间、地点等各种数据真实可靠。

简报按时间分，有定期简报和不定期简报；按性质分，有全面反映本单位工作情况及问题的综合性简报和主要报道某个专项工作动态、进展、经验、问题的专题简报；按内容分，有工作简报、生产简报、学习简报、纪检简报、会议简报、思想动态简报等。会议期间可由大会秘书部门编发会议简报，反映会议的某些重要内容，如：会议概况、主题报告、领导讲话、交流的典型经验和反映的重大问题、会议通过的决议或作出的决定及与会代表的情绪、愿望和意见等。

二、写作指要

编写一份简报,通常包括编辑和写作两方面的工作。

1. 编辑简报

编辑工作包括掌握简报格式、选编简报文章和根据需要撰写按语等三方面。

(1) 掌握简报格式

简报的格式由报头、报核(报体)和报尾三部分组成。

① 报头。

包括简报名称、期数编号、编发单位、印发日期四项内容。

② 报核(报体)。

包括标题和正文,文章一般不具名,必要时可在正文右下方加括号注明供稿单位或供稿人。报核与报头之间有一条横线相隔。有的简报,如转发性的需加写按语,位置一般在文章标题之上。

③ 报尾。

位居简报文章结束最后一页的底部,与报核之间也有一条横线相隔。应分别注明报、送、发的单位名称,以及其他编写程序中的有关事项。

尤其应注意的是,报头中的编发单位应在编号下面左起顶格写,要写明编发简报单位的全称。印发日期则写在与编发单位名称平行对称的右侧,年、月、日均要写明。报头、报核(报体)和报尾之间均要用线相隔。

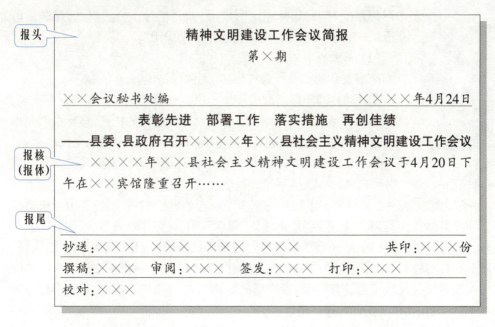

(2) 选编简报文章

要根据编发简报的目的要求,选用别人的文章或自己撰写文章。简报选用的文章一要符合简报主旨(即编发意图)的要求,二要符合简报文体的要求,一般应是新闻报道和评述

商务应用文写作

重点二：编写简报注意事项

掌握简报格式：

报头　报核　报尾

选编简报文章：

符合简报主旨要求

符合简报文体要求

根据需要撰写按语：

说明性按语

提示性按语

评价性按语

的体式,现在随着简报使用频率的提高和内容涉及面的拓宽,调查报告和经验总结等也可上简报。文章选定后,根据需要作些文字修改,但不可改变原意,对文中的重要问题还要核实,以保证内容的真实性。

(3) 根据需要撰写按语

当需要编写按语时,一般应交代简报文章的出处,说明编发意图,或用来提示简报文章的中心内容,或用来表明编者对简报文章的看法。文字简明、准确、得体;内容有针对性、指导性。

2.写简报文章

简报文章常见的写作形式类似于新闻报道,包括标题、正文两部分。

(1) 标题的写法

简报文章标题要醒目有神,能引起读者的兴趣,写作形式应灵活多样。

重点三：简报文章写法

1.标题

(1) 单行

陈述句　判断句

设问句　感叹句

(2) 双行

●正题:概括事实

揭示主旨

●副题:补充说明

2.正文

(1) 导语

叙述式　提问式

结论式　描写式

(2) 主体

纵式　横式

纵横交错

(3) 结尾

① 单行标题:即用一个判断句或陈述句,表明对事情的断定或告知发生了什么情况、事情怎么样了,如:"惠罗羽博会大型顾客服务活动×月×日举办"。也有的用设问、劝诫的方法拟题,简明醒目,如:"民营企业怎样度过春天前的严冬"、"购烟花爆竹莫忘'验明正身'"。还有的用形象的语言拟题,活泼生动,以激发读者兴趣,如:"工资谈判谈出好'薪情'"。

② 双行标题:即采用正、副式标题,一般正题概括事实、揭示文章的思想意义,副题起补充说明作用,如:"护员工合法权益,建联系群众桥梁——××合资公司工会工作成绩突出"。

(2) 正文的写法

简报文章的正文一般有导语、主体和结尾。

① 导语:即简报正文的开头一段。一篇简报文章如果只有一段,那么第一句话就应该是导语。导语就是用简短的语言,概括说明简报的主旨和内容,让读者先有一个总的印象。一般要明确交代什么人、在什么时间、做了什么事、结果如何等几项内容。根据表现主旨的需要,导语可以采用叙述式、提问式、结论式、描写式等写法。

② 主体:即简报文章的主要部分。主要是用富有说服力的典型材料,把导语中所概括的主旨和内容加以具体化。内容要紧扣标题,紧接导语,观点鲜明,材料详略得当。结构安排要与内容相适应,可以采用纵式结构,即按事情经过的时间顺序进行写作;也可采用横式结构,即按事理性质把材料归成若干类,按材料的轻重主次和相互间本来的逻辑顺序进行写作。有的简报文章所反映的情况比较复杂,可以用纵横交错的结构形式,有时还可以采用列小标题的形式概括每个层次的内容,使文章的脉络清晰。

③ 结尾:简报文章一般应有结尾。常见的结尾方式是用一句话或一段话点明主旨,小结全文,或者是指出事物发展的趋向,或者提出希望。如果这些内容已在主体部分中写明,就可不要"结尾"了。

参考样式

工作通讯

××××年第4期(总第4期)

××市××职教名师培养基地编　　　　　　　　　　××××年7月15日

明确中职教师定位,认识时代赋予的使命和责任
——"名师培养工程"××市××基地××××年暑期论坛综述

　　××市中等职业学校名师培养基地的基本任务是帮助学员明确教学目标、课程特点、教务任务、教师的使命和责任、教学方法、教学考核与评价等诸多方面的内容。其中有教育思想的问题,也有教学实践的问题;有提高认识的问题,也有提升能力的问题。中职名师,首先是一名称职的中职学校教师,其起点如何设定?其发展方向如何规划?为此,"××市××基地××××年暑期学员论坛"以中职教师职业化发展为切入点,以"怎样当好一名中职学校的教师"为总论题,就中职教师的素质内涵、新时期中职教师的使命和责任、提高自身专业能力、教学能力的途径、中职教师的特点、发展方向及途径等方面展开了热烈讨论,13名学员代表作了书面发言,××职业教育协会会长×××、××市教委职教处副处长×××、××教育科学研究院职教研究所所长×××、××大学职业教育研究所所长×××出席了论坛并作点评或讲话。

　　论坛的讨论重点主要集中在以下五个方面:

　　1. 如何正确认识中职学校的教学对象

　　现在来自中职学生的负面评价太多,许多中职教师也都在抱怨现在的学生真难教,谢××学员指出:"与其我们每天抱怨现在的学生难教, 不如我们反思一下, 他们为什么难教?我们的教育、教学方法是否适合这些学生的身心特点?我们要辨证地分析中职学生,承认其弱点,但又要充分挖掘他们的闪光之处。现在所谓问题学生绝大多数反应快、悟性高,只不过由于个性、家庭教育等原因,使得他们不适应传统教学方法,并成为义务教育阶段'考分'指挥棒下的弱者、应试教育中被遗忘的角落。他们因此而缺少自信,一个没有自信的孩子,学习中就会缺少克服困难的勇气,更没有持之以恒的决心和毅力。但是,他们渴望被认可,老师一点点肯定的目光、鼓励的话语,都会给他们带来快乐,激励他们积极进取。"许多学员认同这一观点,并因此为自身设定了必须更多地赋予爱心、关心的责任。

　　周××学员的发言令人耳目一新:"中职学生一方面看来大多是传统教学方式下的'失意者',另一方面看去又是虽经长期'失败',但屡败屡战,心中存有对成功的渴望;一方面看来确实有惧学、厌学、不会学的问题,但另一方面看去又轻视权威,好质疑,鄙视空洞说教,认可成功的偶像;一方面看来他们对教师的教学及态度更挑剔、敏感,易产生情绪冲突,但另一方面看去又聪明、接受能力强,容易激励;一方面看来他们显得自卑却又表现出一定的自负,另一方面看去虽然外表显得冷漠,但内心却十分丰富。"这一发言突破了以教师为主体认识学生的传统思维定势,它换位思考,调整了对中职学生的评价角度与标准,从而赢得了更热烈的掌声。

×××会长在讲话中充分肯定了这一观点,指出:"要成为一位名师,必须要有全方位、多层次的素质,首先是职业素质。我们面对这样一个群体进行教育,这就要求我们必须研究这个群体,而且必须用积极态度去发现这个群体的特点和成功之处。没有无能的学生,只有无能的教师。所以不要怪我们的教学对象,他有他的潜力,有他的积极性,也有他的优势方面。要相信人人都能成才,这要求我们要用一颗爱心去进一步研究、探索和发掘,帮助这些学生成才。"

　　2. 如何正确认识中职教师的职责

　　特别提出中职教师职责,是因为它确实具有与普通高中教师职责相比所不同的鲜明特点。为此陈××学员由对"师者,所以传道、授业、解惑也"质疑开题,指出:"传统教师高高在上,强调教师权威,忽视教师与学生合作关系,忽视教与学的创造性;强调教师的学识和授课能力,忽视教师的教育能力。与此同时,教师要应付来自家长、学校和社会的各种评比,教育改革的自主性和积极性受到打击。'教书育人'是教师的职责,以就业为导向的中职课程改革要求教师应从'教会学生知识'转向'教会学生学习',进而'教会学生做人'、'教会学生能力',欲实现这一转变迫切需要新型教师。"

　　董××学员则指出:"'传道、授业、解惑'对教师角色作用的概括,古往今来已经取得了广泛一致的社会认同。问题不在于这样的概括有偏差,而是当今社会导致现代人价值观念多元化、家庭问题复杂化、心理压力剧增化,教育难度大大增加了,中职学生的问题有不少首先源自非智力因素,因此中职教师的社会角色也要随之作相应调整,更好地兼顾教书与育人两种责任,自觉地由学科型变为通识型、由经师变为人师、由教授者变为研究者与实践者,由此适应时代赋予的使命要求。"

　　×××所长认为董××学员分析比较到位,逻辑性较强,并进一步指出:"有一个非常好的观点我非常赞同,即教师应该'在研究中行动,在行动中研究,为了行动而研究',研究身边发生的普遍性的问题,并到实践中去探索解决的办法。"

　　3. 如何正确认识中职学校的课程改革

　　当前,我国职业教育处于新的发展时期,各校面对激烈的市场竞争,如何坚持"以服务为宗旨、就业为导向"的职业教育办学方针,如何形成以工作过程为主线,以任务引领型课程为主体的现代职业教育课程体系,是现阶段职业教育课程改革的工作重点。然而,课程改革是一项系统工程,是教学改革的难点,它涉及课程改革理念、课程目标、课程设置、课程模式、课程内容和教学方法等诸多方面。为此陈××学员提出:"课程是教育中的永恒主题,教师是课程的执行者和决策者,在课程的实施中,教师起决定性作用,中职课程改革呼唤新型教师。"她在分析中进一步指出,"目前,中职教育传统课程中比较突出的问题是,课程与就业关联度不够,学科课程多。课程目标注重统一规格的人才培养,忽视个性化发展。教学内容过于强调理论的系统性、完整性和逻辑性,过于强调理论指导实践的作用。课程教学方法注重理论总结,忽视情景体验,注重专业理论能力,忽视职业技术能力。学校专业教学与企业的实际需要有差距,与现有学生认知的特点不相符,中职课程改革已刻不容缓。"

　　张××学员认为:"老师应当教'课程',而不是教'教材'。"金××学员联系自己所授《秘书实务》专业课程指出:"中职教师要有'市场意识',要了解所教专业就业市场的需求信息。以就业为导向,就必须强化学生职业能力的培养。要做到这一点,中职教师就应该不断加强学习,在充实、提高专业知识、技能水平的同时,使学科(专业)教学与职业需求结合的程度更为紧密。根据就业市场的信息,注意调整课程内容,突出专业领域的新知识、新技术、新工艺、新方法,增强学生适应企业的实际工作环境和解决综合问题的能力。"

4. 如何正确认识中职教师应该具有的素质

谢××学员认为:"要想当好一名称职的中职教师,其必备素质是关爱我们的学生!"邵××学员认为:"要更新观念,用先进的教育、教学理念指导自己的教学;要理解教育真正目的,细心体会'教什么'和'怎么教';要真诚地关爱学生,尊重学生的人格,采取多元评价;要加强学习,提高业务素质,实施有效教学。"

邹××学员归纳中职教师素质的理想模式是:"具有创新意识,应能随市场要求的变化而变化,高质量地完成教材的二度开发;具有人文意识,读懂学生,关爱学生,尊重学生,以使学生能'亲其师,信其道';具有规范意识,以身作则,培养学生的文化自觉;具有终身学习意识,以适应职业教育发展的需要。"

陈××学员就成为中职新型教师的主要途径进而论述说:"要成为新型教师,就应通过各种方法提高新型教师素质,例如,职业教育是一种面向学生、家长和社会的服务,因此要树立新型教育服务观;'没有课程概念的教师只能是教书匠',职业教育课程改革要充分反映现代企业新知识、新技术和新工艺,并根据社会需要不断进行课程创新,实现学校课程与现代企业的接轨,因此要树立新型课程观;课程改革过程也是教师学习和提高的过程,因此要积极参与专业实践、社会实践、教学实践,树立新型职教发展观。"

×××所长认为:"'怎样当好一名中职教师'的讨论非常有意义,论坛上教师的发言就是一次展示的机会,如果一个老师不能把'承认'看作一种享受的话,那你就不要当名师。"×××所长肯定了学员们点题解题较清晰、演讲声情并茂、PPT演示较好等优点,同时也对学员如何更好地认识职教特点、展开有效的研究与实践提出了希望。最后他指出:"教师应该重视上好每一堂课,这是一种精神,精神不是写在PPT上面的,而是展示在每一次教学行动上的。"

5. 如何正确选择适合中职学生的教学方法

因材施教是最基本的教育原则之一。作为一名称职的中职教师,应该根据职业教育的培养目标、当代中职生的身心特点和认知规律,探索一套适合中职学生的教学方法,使教学方法的科学性和艺术性浑然一体展现在教学过程中。

谢××学员提出要艺术地运用"任务引领式"教学方法,他指出:"现代教学方法,无论是项目教学法,还是任务引领式教学方法,都是根据人的心理特征和认知规律,最大限度地调动学生学习的积极性。研究发现,'任务引领式'教学方法更适合中专学校国际商务专业的专业教学。使用该教学方法的艺术性首先体现在教师和学生的角色定位上,教师是导演,学生是演员。一个优秀的导演首先要选择好的剧本,并唤起演员对剧本的兴趣,从而吸引演员去演绎它。我们教师设计'教学任务'就像导演在选择剧本,任务的设计直接关系到学生学习的兴趣,只有让学生感觉到这个任务对他有意义,他才会产生兴趣并主动完成任务,否则,学生对学习任务会无动于衷。教学的艺术性其次体现在,教学活动要引导学生产生积极的情感体验,让学生在完成学习任务的过程中品尝到成功的快乐,感受被认可的幸福,进而激发学生自我肯定,产生内在的动力,积极进取。任务完成的质量取决于学生对任务的理解和学生完成任务的能力,就像演员对剧本的理解和其演绎能力决定了对剧本的演绎效果。而能力是逐渐培养起来的,教师设计教学任务要循序渐进地增加难度,使学生在完成任务中逐渐培养能力。"

江××学员则提出了与学生共同"在快乐中学习,在课程中成长"的观点。她指出:"应鼓励学生先感受、尝试、收集相关信息,并在讨论、动手实践中学会归纳,明确概念,然后利用体验后的经验去获取后继学习的经验,激发创新欲望,使学生在快乐中学习,在课程中成长。要做到这一点,需要教师在教学上淡化理论学习的要求,以学生兴趣为先导,引导学生多动手、多实践、多提问,倡导学生自主学习、探究学习、合作学习。专业教师更要注重教学评价的功能,重视学生的自评与互评;教师要学会'全面的聆听';应该鼓励学生使用自己的语言来表达对课本理论知识的理解,逐步让学生在'敢说'的层次上达到'想说',从而发展为'会说'。教师要把评价学生的尺子改为多把,以适应每一个学生的发展。"

关于对学生的考核与评价,沈××学员形象地比喻了他在教学实践中采用的策略方法:"命中率不高,靶子做大一点";"射不中,再射一箭";"宁要80分中的100分,不要100分中的80分"。其核心意义与价值不仅在于帮助学生树立学习的自信心,给学生更多的成功体验,还在于将中职教学回归职业教育的本源。

论坛持续了整整四小时,通过讨论、交流与专家、领导的点评或讲话,学员们振奋了精神,提高了认识,普遍觉得:今天的中职教师是辛苦的,其教学工作既有学科的特点,也有职教的特点,对学生永远保存关心、爱心和信心,勤于探索,勇于实践,唯其如此,我们就会觉得英才遍地,才会更有信心步入中职教育至善的境界。

×××会长在总结陈辞时强调:"教师对职业教育非常重要,当然各种教育都是如此。只有高质量的教师队伍才能把职业教育搞好。名师更是一个带头者,这一次建设名师培养基地培养名师就是非常重要的。我们国家历来重视师资队伍建设,所谓'师高为范','人类灵魂的工程师','名师出高徒'。所以师资队伍建设非常重要。

"有几个观点我非常赞同。一是教师职业化问题,这是以后教师职业的发展方向。我认为教师应该具备良好的职业素质、业务素质、研究能力和教学能力。教学能力能对教学效果产生巨大的影响,一位教学能力强的教师,能很好地引发学生的学习兴趣。一位名师必须是一位讲课艺术家。另外教师要研究教学方法,探索能引发学生学习兴趣的教学方法。二是关爱学生,要把学生当作自己的子女一样关爱和帮助。三是人人能成才,要相信每个学生都有自己的长处。我想经过大家的努力,职业教育领域会涌现出一批名师。职业教育的春天已经来到了,我们国家的职业教育现在受到前所未有的重视,希望大家共同努力,为职业教育作出更大的贡献。"

案例简析:

以一根直线为界,直线以上是报头,基本要素齐全:简报名称、期数、编报单位和编报日期。直线以下是报体(也称报核),分简报标题和正文两部分。标题采用双行正副标题形式,正标题揭示主题,副标题交代简报性质。简报正文又分概述和分述两个部分。概述是前言,交代暑期论坛的起因和论坛主题,介绍论坛的主要出席对象和主要话题。分述是主体,从五个方面分述论坛的讨论重点,并由此表现论坛的主要收获。主体部分学员的发言、专家的点评和论述互相穿插,既形式活泼,又不断深化讨论主题。简报所反映的内容一般都是很有意义的信息,本案例就为当前中职学校"教"与"学"两方面存在的一些认识误区提供了很有价值的认识坐标。

四、写作步骤

① 注意观察、搜集新闻素材；
② 对材料中涉及的人物、数据等进行核实；
③ 构思写作框架；
④ 按文体要求进行写作；
⑤ 修改润色。

> **重点四：写作要领**
> 标题醒目简明；
> 导语概括全面；
> 材料典型新鲜；
> 格式恰当美观

五、复习与训练

1. 本节思考与复习题

① 简报有什么特点？
② 编写一份简报要做哪些工作？
③ 新闻报道式的简报文章包括哪几部分？

2. 本节训练与活动方案

体验活动一：上海连锁业面广、点多、发展快，但也成分复杂，好坏参半。为营造诚信氛围，提升连锁形象，2009年8月，上海连锁业协会三届二次会员大会审议通过了有关成立诚信建设督导队的提案。经过本人申请、单位推荐，最后由协会聘任了23名督导员，他们来自超市、大型综合超市、便利店三大业态共19个单位，都是热爱连锁事业，熟悉诚信建设工作，具有一定政策水平、业务经营能力和管理经验的专业人员。督查队检查的对象为协会会员公司所属各门店，含合资店、加盟店。检查内容主要涉及店容店貌、食品卫生、安全设施、售后服务等诚信建设各方面。督查队除协会统一组织检查活动外，督导员个人检查基本以暗查为主。协会定期召开督导员会议，并将检查内容汇编成《上海连锁诚信建设督导简报》，发给各公司，通报全行业。督查队作为协会固定组织形式今后会长期存在，督导员则采取轮流制，任期一年。到期可续聘，也可以更替。在推荐、组建中，受到了各会员单位的积极响应和配合。有不少单位，尤其是外资企业，他们认为雇员不单单是为本企业服务的，也千方百计派员参加。

活动要求：认真阅读材料，并进行分析整理，然后按照简报格式，编发一期简报。

体验活动二：选择一家商场，搜集市场有关最新情况，选择一个主题，从一个侧面，编发一期反映情况的"市场简报"。

活动要求：可组成三人小组合作完成。简报文章可以是一篇报道，也可以是一组短讯。要求格式完整，文面美观。

第五节　调查报告

一、知识概述

调查报告是用书面的形式反映调查研究结果的应用文体。在管理工作中经常要对某一事件或情况、某一经验或问题进行深入调查,然后对调查所得材料作分析研究,找出规律,得出结论。在此基础上写成书面报告,一是能为领导者正确决策和指导工作提供依据;二是能传播经验,推动工作;三是能揭露问题,引起关注;四是能澄清事实,消除影响。

调查报告具有客观性、针对性和科学性的特点。

1. 客观性

调查报告必须以客观事实为基础,掌握和分析客观真实的材料,由此得出正确的结论。如实反映客观事实和结论,调查报告才有价值。

2. 针对性

调查报告是有的放矢,带有一定目的、有针对性地调查了解社会、基层、市场等情况,把好的工作方法和典型经验及时加以研究推广,将人们普遍关心的问题或尚未引人注意的问题加以披露,让人引以为戒。

3. 科学性

调查报告不只是把调查得到的事实材料公布于众,还要从事实中引出带规律性的观点和结论,使读者得到科学的、正确的指导。

重点二：调查报告与总结的区别

1. 写作时间不同

调查报告：随时可带有目的进行

总结：只能在阶段后或事后进行

2. 涉及范围不同

调查报告：能是任何单位或地区

总结：只能是本单位或个人

二、写作指要

调查报告一般由标题、正文、落款三项构成。

1. 标题的写法

调查报告的标题有以下三种写法:

(1) 公文式标题

公文式标题常用介词"关于"引出调查内容、范围,再加"调查报告",如:"关于××公司推行人事制度改革的调查报告"。公文式标题能使读者对调查对象和调查内容等有个大概了解,拟写也较容易。

(2) 文章式标题

文章式标题一般是概括调查内容或提示调查结论、表明观点,如:"改革给××厂注入活力"。文章式标题便于读者抓住中心。

(3) 复合式标题

即同时使用上述两种标题。上面一行是正题,用文章式标题点明调查内容或主要观点;下面一行是副题,用公文式标题补充说明调查对象,使读者在读正文前就对调查报告的有关情况有个了解,如:"他山之石可以攻玉——关于××厂引进先进技术的调查报告"。

重点四：正文主体内容

反映社会情况：

情况——分析；

推广典型经验：

做法——效果；

揭露时弊问题：

问题——原因

2. 正文的写法

调查报告的正文一般分为前言、主体和结尾三部分。

(1) 前言

常见的前言写法有:①交代调查情况。用简短的文字写出在何时、何处带着什么问题,对哪些事、哪些人,使用何种调查方法进行了调查。②概述全文内容。开门见山地把调查的课题、研究的结果写出来。③点明基本观点。通过直接议论或自问自答,揭示主旨。

（2）主体

主体部分是调查报告的主干,不同的调查报告包括的内容有所不同。反映社会情况的调查报告包括"情况"、"分析"等内容;推广典型经验的调查报告包括"做法"、"效果"等内容;揭露问题的调查报告包括"问题"、"原因"等内容。上述内容可按下面三种结构方式进行写作:①纵式结构。即按事件发生、发展顺序写,材料前后连贯。②横式结构。即把材料概括为几个方面分别阐述。③纵横结合式结构。材料总体上分为并列的几个部分,在每一部分内又是按事件发生、发展顺序写,材料前后连贯;或材料总体上分为连贯的几个部分,在每一部分内又是互为并列的。

（3）结尾

结尾要根据调查报告的不同种类来写。反映社会情况的调查报告结尾可针对情况提出建议;推广典型经验的调查报告结尾可阐述重大意义,提出希望;揭露问题的调查报告结尾可以提出处理意见和改进措施。如果主体部分已包含上述内容,可不加结尾。

3. 落款的写法

正文结束之后,一般在正文右下方写上调查报告写作者的姓名,以示对调查报告所反映的内容负责,并写上成文时间。

三、实例示析

参考样式

大学生出国留学意向调查

中国学生出国留学的历史可以追溯到清朝末年,至今共经历了三个阶段。清政府维新变法时,派遣了一批青年志士去西方学习工业技术,以此达到"师夷长技以制夷"的目的。20世纪20、30年代至中华人民共和国成立前,一批青年远渡重洋,求知域外,这里面也包括一些共产党的早期革命家。解放后,由于中国在冷战格局中的阵营地位,出国留学以苏联为主。1978年以后,出国留学进入了一个新的高潮期。据统计,1978—1996年间,我国前往世界各地的留学人员累计达27万人,这其中国家公派的为4.4万人,单位公派的为8.6万人,剩下的13.9万人属于自费出国。自20世纪90年代起,历年在美国取得理工科专业博士学位的中国学者人数已经超过中国自己授予博士学位的人数。只1995年一年,就有2751名中国学生在美国取得博士学位,占了当年各国留美学生所获博士总数的10%,高居各国留美学生之首。

××市场调查有限公司于××××年3月在××大学、××大学、××师范大学、××交通大学、××航空航天大学五所高校随机对301位大学生进行调查,了解他们自身对于出国留学的意向及看法。

一、你问我要去何方,我指着大海的方向

在我们对这五所大学共301名大学生的调查中,有211名有意向出国,比例超过了70%,表明出国留学已经成为当代大学生的一种主流选择。相关分析显示,理工科学生有出国意向的明显多于文科生。××大学物理系的甘××教授称,近年来该校物理系排名前三分之一的学生都已出国,目前该系有500多人在美国。××大学的BBS上发出了一条消息,××计算机系某班35人今年共拿到了89个国外大学的奖学金(大部分是美国高校,而且大多都是名校),这意味着,如果他们想走的话,几乎都可以走。我们能够注意到,在一些名校的一些系,出国已经成为本科生毕业后的常规选择,就像到××市来读书就要争取留在当地一样。

二、首选之地——美国

这次调查中,有意向出国的211名大学生中,最想去美国者达166人,占四分之三以上。除美国独占鳌头外,居二、三、四位的分别为日本、加拿大和英国,不过它们都不足总数的1/10。历史资料显示,从1978—1996年的18年间,中国共有13.5万留学生去往美国,占此期间中国出国留学生总数的50%。美国历史虽短,但学府林立,其大学教育以其高度开放的姿态,得天下英才而育之。而且美国是一个移民国家,所以在学完后就业相对容易。因此美国理所当然的成为中国留学生的首选。每年的七、八月份,到美国大使馆(领事馆)门口站一会儿,你就能体会到这种和夏天一样的热浪。

表一 想去的国家

国 别	人 数	百 分 比
美 国	166	70.9
日 本	19	8.1
法 国	2	0.9
英 国	12	5.1
新加坡	8	3.4
加拿大	13	5.6
瑞 士	1	0.4
荷 兰	2	0.9
澳大利亚	5	2.1
德 国	5	2.1
俄罗斯	1	0.4
总 计	234	100

注:上述有意向出国的211名大学生中,有的同学想去的国家超过一个。

三、去留之际

开阔视野和国外较好的学习条件成为大学生选择出国的主要原因。国外大学先进的教育设备,良好的教学氛围,深深地吸引着大学生们,特别是理工科的学生。国外发达的经济条件和对自身专业前途的选择,也是部分大学生出国的理由。值得一提的是,认为国内就业环境较差的只占1.9%,可以看出,现在的大学生出国是一种往更高处走的主动寻求发展型的选择。

表二　想出国学习的主要原因

出国学习的主要原因	人　数	百　分　比
想去国外看一看,开阔视野	127	34.9
国外的学习条件较好	105	28.8
所学专业在国外更有前途	49	13.5
国外的经济较发达,有吸引力	46	12.6
受同学、朋友、父母的影响	16	4.4
其　他	14	3.8
国内就业环境较差	7	1.9
总　计	364	100

注:该题为多选题。

在选择不想出国的90名大学生中,国内发展并不比国外差是较多学生的观点。另外,联系学校、签证、准备一些必要的生活费、买生活用品都需要客观的费用,承受能力不足使一些同学望而却步。签证的道路也充满了艰难险阻。

表三　不打算出国学习的主要原因

不打算出国学习的主要原因	人　数	百　分　比
在国内发展并不比国外差	53	37.1
家庭环境不允许	21	14.7
成本较高,且成功与否有一定随机性	19	13.3
文化差异较大,很难融合	15	10.5
考托福、考GRE难度较大	14	9.8
专业不适合在国外发展	7	4.9
其　他	14	9.8
总　计	143	100

注:该题为多选题。

四、归去来兮

调查结果显示,明确表示如果出国了,毕业后肯定会回国工作的占44.1%,据统计,1978—1996年自费出国留学的13.9万留学人员中回国者仅有3000人,比例仅为2%,希望调查对象在国外留学毕业的那一天依然作出这样的决定。

五、利弊之辩

这次调查中,所有被调查对象就出国对于国家的利弊发表了自己的看法,认为很有利或有利的总共占61.1%,认为很不利或不太有利的总共占16%。

表四　出国学习对国家的利弊

是否有利	人　数	百　分　比
很有利	23	7.6
有利	161	53.5
一般	69	22.9
不太有利	46	15.3
很不利	2	0.7
总　计	301	100

在这次调查中,设置了一道开放题,让被访者谈一谈对出国留学的看法,结果统计发现:大学生们倾向于从个人和国家两个方面探讨出国的价值和意义。这大概和我们的教育方向有关。很多学生强调出国是件好事,但学成后应回国为祖国作贡献,正如××大学的周同学所说,"良禽择木而栖,但不应忘本";有的同学认为国家也应创造良好的条件,吸引海外学子学成回国;也有同学认为人各有志,不可强求。

中国和其他发展中国家一样,存在着"出去的多、回来的少"的人才外流现象。这些留学生们,接受世界一流的教育,对发达资本主义经济的实际运作有着切身的了解,实为国家发展所必需。但是怎样才能回来,什么情况下会回来应该是着重考虑的问题。为了让他们回来,政府能够、应该做些什么?人才的保有是国家间竞争的一种形式。在全球化浪潮的推动下,人才的跨国界流动将会越来越频繁,出国学习对个人来说是自我发展的应有之义。如果我们想留住人才,应该考虑改革国内的竞争环境。如果我们真的能够培养出适合人才生存、发展的土壤,留学生回流是自然而然的事情,中国人才流动的出超转变为入超也并非不可能。到那时候,青年才俊爱国家,振兴民族也将会水到渠成了。

××市场调查有限公司

××××年4月

案例简析:

出国留学是一个值得关注的话题,尤其是近来出国留学还出现了低龄化的现象,这更是引起了人们的关注。对于其原因和利弊,也常常是见仁见智。对众所关注的问题进行调研并撰写成报告,这是调查报告的基本意义所在。本案例是属于研究问题、以便有关方面制订政策的调查报告。本案例标题由调查内容和文种两部分组成。前言从背景分析入手,说明调查研究的重要意义,随后交代调查范围、调查对象和调查主题。主体部分从出国意向、出国方向、出国原因、出国以后的发展以及出国留学的利弊认识等五个方面展开数据分析,角度得当,层次清楚,针对性强。案例具有四个鲜明特点:一是小标题生动活泼,有很强的可读性;二是数据翔实,说服力强;三是表文结合,有理有据,版式活泼,显得一目了然;四是观点客观明确,尤其是最后所述人才的跨国界流动观点是积极健康的。

商务应用文写作

四、写作步骤

① 确立调查目标,制订调查计划;
② 认真调研,搜集有关资料;
③ 分析整理材料;
④ 编写提纲,提炼观点,形成报告;
⑤ 修改润色。

五、复习与训练

1．本节思考与复习题

① 调查报告有什么特点?
② 调查报告和总结有什么不同?
③ 调查报告的结构方式有哪几种?

2．本节训练与活动方案

体验活动一:你知道地铁/公交换乘票价是怎么计算的吗?乘地铁/公交有逃票的吗?地铁/公交票价到底贵不贵?请为这些问题寻求答案,写一份《××市地铁/公交票价调查报告》。

活动要求:利用每天乘坐地铁/公交的时间或节假日作调查,收集材料,整理归类,按照"反映情况的调查报告"的写法进行写作。

体验活动二:目前儿童食品、用品消费已进入了"消费旺季",厂商纷纷认准了儿童这一庞大的消费群体,变着法儿地对自己的产品进行全方位的包装、促销,以吸引孩子们的眼球。然而,在利益的驱使下,许多厂商完全无视国家的有关规定,利用包装、广告、促销等种种手段,将不符合规定、不合格,甚至是以次充好的商品搬上了柜台,从而使儿童这一特殊消费群体的权益受到侵害。请写一份《儿童商品包装调查报告》。

活动要求:看电视时注意观察有关儿童食品、玩具、用品的广告。分析这些广告会给儿童消费带来什么影响。

同时了解哪些包装食品中夹带了小汽车、卡通玩具、图片等儿童玩具,分析这些夹带的玩具会给儿童消费带来什么影响。另外注意观察分析哪些儿童食品、玩具、用品存在安全隐患,并对家长提出忠告。

按照"揭露问题的调查报告"的写法进行写作。

第六节 行政公文

一、知识概述

公文是国家机关、社会团体、企事业单位在公务活动中经常使用的,具有惯用格式,并按一定程序处理的公务文件。《党政机关公文处理工作条例》中明确规定了公文的职能和任务:传达贯彻党和国家的方

商务应用文写作

针、政策，公布法规和规章，指导、布置和商洽工作，请示和答复问题，报告、通报和交流情况等。

行政公文具有以下鲜明的特点。

1．特定的作者和读者

所谓特定的作者，是指能以自己的名义行使权力和承担义务的组织。特定的读者，是指公文除了公开发布外，只有收文单位的有关领导或指定人员才能阅读，一般人是不能阅读的。

2．特定的权威性

公文由党政机关制发，需要收文机关或有关人员无条件地遵照执行或作为处理工作的准则和依据。在处理公文的过程中，不允许拒不执行或敷衍塞责。

3．特定的时效性

公文是根据工作需要及时解决问题的一种重要工具，公文的制作不能随便拖延。问题解决后，公文的效用也随之消失。这时公文就成了历史资料，酌情经过一定程序，或归档存放，或销毁。

4．特定的格式

公文具有特定的体式和结构、特定的语体和行文规则、特定的处理程序，甚至对用纸的大小、装订、印刷字体的要求都有明确的规定。

公文特定的格式中一般由份号、密级和保密期限、紧急程度、发文机关标志、发文字号、签发人、标题、主送机关、正文、附件说明、发文机关署名、成文日期、印章、附注、附件、抄送机关、印发机关和印发日期、页码等组成。

2012年7月1日起施行的《党政机关公文处理工作条例》规定我国党政机关公文共有15种：决议、决定、命令(令)、公报、公告、通告、意见、通知、通报、报告、请示、批复、议案、函、纪要。

上级机关发给下级机关的公文称为下行文，下级机关写给上级机关的公文称为上行文，平级或不相隶属机关之间使用的公文称为平行文。

在各个单位中，公文格式的许多组成部分都是由专人填写的，如：份号、密级和保密期限、紧急程度、发文机关标志、发文字号、签发人、印章、附注、附件、抄送机关、印发机关和印发日期、页码等。

对于公文的一般撰稿人来说，应当重点掌握的是标题、主送机关、正文、附件说明、发文机关署名、成文日期这六个部分。所以日常读写训练应围绕这六个部分重点展开。

> **重点二：公文格式**
>
> (份数序号) (紧急程度)
>
> **上海市教育委员会文件**
> **沪教委体〔20××〕7号**
>
> (密级)
>
> **上海市教育委员会关于印发《20××年上海市初中毕业升学体育考试工作实施方案》的通知**
>
> 各区县教育局：
>
> (正文)
>
> (附件：)
>
> 上海市教育委员会(公章)
> 20××年3月18日
>
> 上海市教育委员会办公室 20××年3月18日印发
>
> (共印70份)

二、写作指要

1．标题

标题由发文机关名称、事由和文种组成。事由一般用"关于……的"概括。

2．主送机关

公文的主要受理机关，应当使用机关全称、规范化简称或者同类型机关统称，顶格写在发文字号下一行。

3．正文

公文的主体,用来表述公文的内容,一般都由开头、主体、结尾三部分构成。开头简要说明发文的缘由,或发文的目的,或概述公文的主要内容。主体部分具体、明确地写清有关情况、事项。结尾通常根据不同的文种运用不同的惯用语,提出对公文的处理要求。上行文一般可以用"以上报告,请审阅"、"特此请示,请审批"等;下行文可用"以上各项请遵照执行"、"特此通报"、"此复"等;平行文可用"特此函达,即希见复","特此函复"等。

4．附件

附件是公文正文的说明、补充或者参考资料,也是公文正文内容的一部分。如有附件,要在正文结束之后换一行、前空两格注明附件的名称和件数。

5．成文日期(印章)

成文日期表示公文生效的日期(位置在后起空4格处),署会议通过或者发文机关负责人签发的日期。联合行文时,署最后签发机关负责人签发的日期。公文中有发文机关署名的,应当加盖发文机关印章,并与署名机关相符。有特定发文机关标志的普发性公文和电报可以不加盖印章。印章是公文有效的标志,应端正、清晰地盖在年月日中间。

三、实例示析

示例一:(通知)

通知,适用于发布、传达要求下级机关执行和有关单位周知或者执行的事项,批转、转发公文。

商务部外贸发展事务局
关于请做好中国品牌商品海外展组展工作的通知
商外发〔201×〕8号

各省、自治区、直辖市、计划单列市及新疆生产建设兵团商务主管部门,有关单位:

为加快转变外贸发展方式,推进"五个优化、三项建设",加快培育以技术、品牌、质量、服务为核心的出口竞争新优势,加大对自主品牌商品的宣传和推广力度,支持我企业深度开拓北美、欧洲、非洲和拉美市场,201×年,商务部将继续在上述地区举办中国品牌商品海外展(以下简称品牌展),即:中国品牌商品美国展(以下简称美国展)、中国品牌商品非洲展(以下简称非洲展)、中国品牌商品欧洲展(以下简称欧洲展)和中国品牌商品拉美展(以下简称拉美展)。现将有关事项通知如下:

一、展览安排

(一)美国展将于201×年8月3—6日在美国拉斯维加斯举办。展览

标题:
1．发文机关:商务部×局
2．事由:组织展会

主送机关:
使用规范的简称

正文:
在陈述缘由和主题后,用"现……如下"过渡,引出展会相关的事项和要求

商务应用文写作

面积约4000平方米、约200个标准展位。展品类别包括家电电子和轻工消费品等。

（二）非洲展将于201×年8月21—24日在坦桑尼亚首都达累斯萨拉姆举办。展览面积约5000平方米、250个标准展位。展会将整体展示我国机电、日用消费品、五金建材等传统优势产品,集中推介我国品牌企业和优质产品。

（三）欧洲展将于201×年9月7—10日在英国伯明翰举办。展览面积约2000平方米、100个标准展位。展品类别包括玻璃陶瓷、厨房卫浴、礼品、珠宝工艺品、家居用品、小家电、儿童玩具、乐器、体育用品、贺卡文具、服饰鞋帽、箱包、家具钟表及园艺用品等。

（四）拉美展将于201×年11月20—23日在巴西圣保罗举办。展览面积约4000平方米。展品类别包括家用电器及消费类电子产品、汽车及摩托车配件、信息、通讯产品、太阳能光伏及照明产品、五金工具、轻工消费品等。

二、组展工作

根据商务部内部职能调整,自201×年起,由外贸发展局负责品牌展业务的组织实施工作。考虑到项目延续性,外贸发展局将邀请合作承办单位共同负责组展筹备等有关工作。为确保组展工作顺利进行,请协助开展以下工作:

（一）请启动组展工作,组织本地区优秀企业和优势产品参展。要加强组织领导,严格制度规范,确保参展企业和展品质量,加强知识产权保护,杜绝假冒伪劣产品。指定专人负责,确保参展人员、财产安全。

（二）为发挥地方优势,整合各方资源,宣传地方特色,提高办展效果,商务部将邀请参展企业数量较多、组展工作完成较好的省(区、市)人民政府与商务部共同主办品牌展。

（三）具体参展事宜将另行通知。

（四）请于3月31日前将负责组展工作的联系人姓名、职务和联系方式告知后附联系单位。

特此通知

附件:1.201×年中国品牌商品美国展组展方案

2.201×年中国品牌商品非洲展组展方案

3.201×年中国品牌商品欧洲展组展方案

4.201×年中国品牌商品拉美展组展方案

商务部外贸发展事务局(公章)

201×年3月19日

结束语:
"特此"加文种(这里用作动词)

附件:
1.4个附件,写在结束语之后
2.通知中的附件,往往是执行中最直接的重要文件

成文日期:
1.写在倒数空4格处
2.如果有署名,则写在成文日期上的相应位置
3.公章不是写的,公文须盖公章,但训练时可加括号写在署名之后或者写在日期之上

商务应用文写作

示例二:(通报)

通报用于表彰先进、批评错误、传达重要精神和告知重要情况。

标题:
1. 机关名称:在具有文件版头的文件中,该项可省略
2. 事由:表彰先进
3. 文种:通报

关于表彰童观根等同志的通报

×市场办〔201×〕59号

各下属单位、各科室:

　　20××年11月8日下午2时左右,两名不法分子手执利器在床上用品市场寻衅闹事,毁坏该市场经营户财物,严重威胁经营户人身安全。商业城保安队长童观根闻讯后挺身而出,勇擒不法分子,在搏斗过程中不幸被一持刀歹徒砍中后背,身负重伤(医鉴伤口长18厘米,深可见骨)。在生命十分危险的情况下,童观根仍不忘紧紧抓住嫌疑人,并将之交给随后赶到的停车场管理员俞益群、楼百兴两人(另一嫌疑人也被其他保安人员抓获)。

正文:
首段需概述事件经过,为通报主题作铺垫

　　童观根等同志恪尽职守,义无反顾,用自己的热血保护了商业城的平安。为了表彰童观根等同志的英勇行为,弘扬正气,经市场办研究决定,对童观根同志予以通报表彰,并予以物质奖励。对在抓获歹徒中表现突出的叶建军、毛家清、楼百兴、俞益群、杨国文、王铅尧、吕建辉同志给予表扬。

　　希望全体干部职工和管理人员认真学习童观根等同志奋不顾身、恪尽职守、勇于与不法分子斗争的精神,努力做好各项工作。

　　特此通报

正文:
1. 次段需在评价的基础上给予表彰
2. 末段是号召学习

××市××区市场建设管理办公室(公章)

201×年×月×日

示例三:(报告)

报告用于向上级机关汇报工作、反映情况和回复上级机关的询问。

参考样式

上海市消费者协会

关于一些摄影社误导、蒙骗顾客的情况报告

沪消协〔××××〕×号

上海市商业委员会:

　　近来,市消协多次接到消费者投诉,反映沪上一些摄影社误导、蒙骗顾客的行为。据调查,一些摄影社的经营手法确有不规范之处,现将情况报告如下:

　　随着近年来沪上婚纱摄影业的兴盛,以及艺术形象设计的深入人心,港台和日本的

商务应用文写作

许多摄影公司纷纷进驻上海。走在上海几条主要商业街上,挂满诱人、漂亮的艺术照的摄影公司随处可见。随着日趋激烈的竞争,一些摄影社不在服务水准上花心思,寻求吸引顾客的新特色,反而采取一些不规范、不正当的方法来误导、甚至蒙骗顾客。总的看来,主要有两大问题:

一、广告误导。例如,某摄影公司在广告中宣称"首先拿100元折价,再拿一张贵宾卡打九折,另外还能获赠日记本、CD、挂钟等礼品"。但实际上则是要么打折,要么拿礼品。一些消费者在接待服务人员的热情介绍下签了预约单后才发现问题。

二、随意蒙骗消费者。如:一些摄影社为了争取顾客,热情许诺一系列"特别大赠送",但若想获得这些价目表上没有的优惠,条件就是必须马上签单。更有甚者,一家摄影社的接待服务人员在催促顾客签单时,声称他们的预约单在上海其他婚纱店都有效,因为上海的各家婚纱店之间的优惠预约单是互相能用的,但实际上根本没有这回事。

鉴于上述情况,我们认为,同行之间的竞争,原本是市场经济发展的必然结果,但误导、蒙骗顾客是错误的、不合理的。我们希望市商务委坚决制止不正当的经营手法,保护消费者权益,维护上海文明城市的形象,使上海的摄影行业能在经营上不断完善和规范化,给消费者带来称心、实惠的服务。

特此报告

上海市消费者协会(公章)

××××年×月×日

案例简析:

报告属陈述性的上行文。本示例从内容看是下级向上级机关汇报特定事件、专门问题的专题性情况报告。标题由发文机关名称、事由和文种组成。正文开头简要说明发文的缘由,即"某些摄影社有误导、蒙骗顾客的行为",然后用"现将情况报告如下"的习惯用语转入报告的主体部分。主体部分用纵式结构对事情的起因、实质、过程、现状等进行陈述和分析,反映了一些摄影社不规范的经营手法。最后表明看法,提出建议,用"特此报告"作结束语。

重点三:报告写作要领
观点材料:全文中心突出,材料真实,一事一报,撰写及时
结构语言:开头集中概括,简明扼要;主体陈述有序,用语得体

示例四:(请示)
请示用于向上级机关请求指示、批准。

××市商业局
关于增加201×年度商务工作经费预算的请示
×商务[201×]2号

××市人民政府:

鉴于我局当前状况,拟请求在201×年度财政预算中将我局的预算经费增加到30万

元,其中商务事业费20万元,其他工作经费10万元。其理由如下:

一、没有收入来源。商业局作为商贸战线的牵头单位,工作点多面广,但所承担的职能全部是行政执法或协调服务性工作,没有一个收费项目,市财政拨款也十分有限,无法保障机关的正常运转和相关工作的有效开展。

二、人员包袱重。商业局由原内贸办、物行办等机构合并而成,承担了大量的社会责任。市委、市政府为保稳定,共安置、消化了内贸办12人、乡镇、商业总公司和外贸总公司等34人。目前局机关46人,其中离退休老同志20人。

三、市委、市政府安排了新的重要工作任务。

1. 商贸企业改制工作。商贸系统有45家法人单位要改制,有2500多名职工需置换身份,资金缺口大,矛盾多,压力大。

2. 第三产业涉及的单位多,战线长,协调难度大。

四、我局目前主要靠做项目向上争取资金维持运转,经费困难。

以上请示,当否,请批复

××市商务局(公章)

201×年1月25日

案例简析:

　　请示是祈请性的上行文,须一文一事。本例先写明提出请示事项的原因和理由,然后提出请示事项。最后用请示常用的结束语收束,内容完整,层次清楚,语言简洁,用词恰当。"拟请求在201×年度财政预算中将我局的预算经费增加到30万元"一句表现出下级对上级的尊重,"拟"字含此事有待上级领导批准之意。格式项目齐全,使用正确。

> **重点四:请示和报告的不同**
>
> **报告:**在事前、事后、工作进展中都可以行文,并非一定在批复后执行
>
> **请示:**必须事前行文,需上级批复后才能遵照指示执行

> **重点五:请示写作要领**
>
> 理由充足,事项明确;
>
> 语气恳切,措词得体;
>
> 一文一事,不要越级

示例五:(批复)

批复用于答复下级机关请示事项。

××市人民政府

关于对增加201×年度商务工作经费预算的批复

×政〔201×〕25号

市商业局:

你局"×商务〔201×〕2号"请示已收悉,经研究,批复如下:

同意在201×年度财政预算中将你局的预算经费增加到30万元,其中商务事业费20万元,其他工作经费10万元。

此复

××市人民政府(公章)

201×年2月25日

商务应用文写作

重点六：批复写作要领

写前调查研究周密思考，
开头引述请示发文字号，
文中答复意见明确恰当，
引用政策法规写明出处，
不予批准写明否定理由，
语言简洁明了便于执行

案例简析：

批复是指示性的下行公文，同时具有针对性和结论性。本例标题准确、简要地概括了公文的主要内容。正文首先引述下级机关请示的发文字号，使收文单位明确批复的事项，接着写出批复意见，非常具体，便于下级机关贯彻执行。全文完全针对下级机关的请示行文，语言简洁而清晰。

示例六：（函）

函用于不相隶属机关之间商洽工作、询问和答复问题、请求批准和答复审批事项。

商务部
关于对外劳务合作经营资格管理有关工作的函
商务〔2012〕322号

各省、自治区、直辖市、计划单列市人民政府，新疆生产建设兵团：

2012年6月4日，温家宝总理签署第620号国务院令，公布《对外劳务合作管理条例》（以下简称《条例》），自2012年8月1日起施行。根据《条例》，企业从事对外劳务合作，应当按照省、自治区、直辖市人民政府的规定，经省级或者设区的市级人民政府商务主管部门批准，取得对外劳务合作经营资格。

为做好对外劳务合作经营资格管理工作，特请开展以下工作：

一、请各省、自治区、直辖市、计划单列市人民政府，新疆生产建设兵团尽快出台本地区对外劳务合作经营资格管理办法。根据《条例》第二章和第四章的规定，管理办法应明确本地区对外劳务合作经营资格核准的行政层级、企业申请经营资格需满足的条件和应提交的材料、经营资格的申请和受理程序，以及相关管理要求等。

二、《条例》施行前已取得对外劳务合作经营资格的企业，应在2013年对外劳务合作经营资格证书年审工作结束（2013年4月30日）前，达到本地区对外劳务合作经营资格条件。逾期达不到规定条件的企业，不得继续从事对外劳务合作。请要求商务主管部门按此规定做好对外劳务合作经营管理工作。

特此函达

商务部（公章）
2012年10月14日

案例简析：

重点七：函写作要领

叙事简明；
中心明确；
内容单一；
措词得体；
注意分寸和礼貌

函是商洽性的平行公文，可用来向有关事项的主管职能部门商洽工作。本例是商务部就对外劳务合作经营资格管理有关事项向各省、自治区、直辖市、计划单列市人民政府，新疆生产建设兵团商洽工作的函。正文部分用简洁的语言把情况说明清楚，然后提出请求。态度诚恳，请求具体，用词恰当，有礼貌、有分寸。

本文书结束语使用函特有的"特此函达"；如是表明意见的复函，需先引述来函的发文字号，然后针对请求事项写出具体、明确的意见，结束语可用"特此函复"。

四、写作步骤

① 明确发文目的；
② 选择恰当文种；
③ 搜集整理有关材料；
④ 按格式要求拟写；
⑤ 修改。

五、复习与训练

1. 本节思考与复习题

① 公文一般由哪些项目构成？请绘制一份公文格式图。
② 通知和通报有什么不同？
③ 报告和请示有什么不同？
④ 批复有什么特点？
⑤ 致函和复函的写法有什么不同？

2. 本节训练与活动方案

体验活动一： 20××年暑假即将来临，为帮助广大家庭经济困难的外省市学生顺利、安全返乡回家，××市教育主管部门颁发通知，要求各大、中学校认真做好20××年暑假外省市学生的返乡回家的有关工作。通知指出，各大、中学校要积极贯彻落实党和国家的有关帮困政策，主管部门要采取有效措施，帮助学生筹措回乡经费，提供回乡便利；同时对不返乡、仍旧住在学校的学生要给予生活上的关心，尽量满足其日常生活和学习场所设施的需要。通知要求学校领导应该提高思想认识，高度重视学生的思想和安全工作，精心组织相关活动，提高服务质量，加强组织管理。请根据这些材料写一份通知。

活动要求： 按照通知格式拟写，要有标题、主送机关、正文、成文日期、发文机关印章等项目，正文部分要有开头、主体和结尾。主体部分对下级要求的内容可作适当补充。（可以在老师的指导下，加撰发文字号）

体验活动二： ××宾馆各部门紧紧围绕宾馆总经理制订的经营方针和工作部署，团结一心，开拓进取，下半年圆满完成了一系列重大的接待任务。特别是餐饮中心克服了任务重、人员少等诸多困难，全体人员放弃休息，加班加点，积极配合其他部门完成了各项接待任务，得到了各方面的好评。在10月份宾馆总体经营预算目标未完成的情况下，餐饮中心营业收入达预算的109%，超额完成任务，继而实现11月份累计收入提前13天完成预算目标的好成绩。特别是11月11日至17日期间，连续三次当天餐饮营业收入突破10万元，超过宾馆其他收入，占到宾馆当天总收入的50%以上。根据餐饮中心的出色工作表现，总经理室决定奖励餐饮中心现金壹万元整，并予以通报表扬。请你代为撰写通报。

活动要求： 按通报格式拟写，要有标题、发文字号、主送机关、正文、成文日期、发文机关印章等项目，正文部分在叙述表彰的事迹之后，要对事迹加以评价，并提出要求。

体验活动三： 今年上半年我市××区商业局共签订利用外资合同20项，合同外资投资金额为5500万美元，实际外资3000万美元。合资范围涉及服装加工、食品制作等行业。资金投向最大的是服装加工，共兴办合资服装加工企业4个，合同外资投资金额为2500万美元，占合同

商务应用文写作

外资投资总额的45.4%。其次为食品制作等。外资引进势头良好,预计下半年有进一步扩大趋势。7月初市商委要求各区商业局汇报外资利用情况,请代拟这份公文。

活动要求: 在仔细审题的基础上,选择恰当文种进行写作。

体验活动四: ××区商业局下属的食品公司原来有一辆载重为1吨的春雷牌小货车,质量较差,经常出问题,基本上不能再用。近一年来,鲜肉、家禽等货物运输都是请其他单位的车代运的,一年运费近万元。为了搞活经济、节约开支,该公司打算用固定资产基本折旧基金购买一辆载重为3吨的解放牌货车。请代该公司拟写一份请示,请求上级领导批准。

活动要求: 复习请示的要领,认真分析所给材料,按请示的写作要求进行写作。

体验活动五: 上海××超市总公司获悉上海××商厦五楼商场尚在闲置,打算租借开设××超市××商厦店。请代拟一份公函。上海××商厦同意租借,请再拟写一份复函。

活动要求: 复习函的写作要领,适当补充内容,按格式要求写作。

第三章　经营活动文书

第一节 市场预测报告

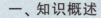

一、知识概述

市场预测报告，是企业在对市场充分调查的基础上对有关历史及现状的数据进行统计分析，运用一定的科学方法进行推测，从而反映出市场未来发展趋势的实用文书。进行市场预测的目的是为了帮助生产经营管理人员认识、控制未来市场的不确定性，使企业经济活动计划的预期目标同可能变化的周围环境和经济条件保持一致，并对其实施效果做到心中有数。市场预测是进行经济活动决策的重要依据，是提高企业管理水平的重要手段。

市场预测报告具有客观性、科学性和及时性等特点。

1. 客观性

市场预测必须建立在客观存在着的事物的基础上，它要求人们在市场预测工作过程中时刻以客观情况、真实数字为依据，杜绝主观臆断，这样才能得出正确的结论。

2. 科学性

市场预测要讲究科学性，一是要做到预测程序的科学性，二是要做到预测方法的科学性。预测方法有定性预测法、定量预测法等。定性预测是一些熟悉业务知识、具有经验的人员，根据已知的材料，凭自己掌握的经验和理论知识作出的预测；定量预测是根据一定标准获取数据材料，而后运用一定的数学方法，进行科学的加工处理和计算所作出的预测。因而市场预测报告是一种专业性很强的应用文。

3. 及时性

市场充满竞争和变数，新情况、新问题层出不穷，而且市场预测是为企业经营活动决策服务的。所以，从事有关市场工作的专业人员不仅必须经常开展市场调研，而且应及时地在企业生产经营决策形成之前完成预测工作，从实际出发，提出切实可行的工作建议。

二、写作指要

市场预测报告一般由标题、正文（主体、结尾）和落款（具名、日期）三个部分构成。

1. 标题的写法

标题一般由范围、对象、时间、文种四个部分构成，如："××市××产品××××年度需求量的预测"。有的标题为求简练可以酌情省去范围或时间等，如："羊毛衫产销预测"。有的标题为求醒目也可以采用双标题形式，如："稳中有升——××××年国内市场供需预测"。

重点一：市场预测报告与调查报告的区别

1. 用途不同

预测报告：分析市场发展趋势，为经营活动决策提建议

调查报告：分析社会市场情况，为制订政策提供依据

2. 内容要旨不同

预测报告：说明现状，推测未来发展趋势

调查报告：阐述经验或问题的背景、事实、性质、意义

重点二：市场预测报告特点

选材客观真实，杜绝主观臆断；

分析科学合理，夹叙夹议规范；

预测及时常效，关注市场热点

重点三：格式要求

标题：位置醒目，对象明确

正文：条理清楚，建议合理

落款：位置合适，信息清楚

版面：格式正确，版面整洁

商务应用文写作

2．正文的写法

正文一般由三部分组成,一是对现状的分析,二是对未来的估计,三是建议及对策。对现状的分析,主要采用叙述的方法,用数字、图表和文字对市场调研得知的现状加以说明,这是预测的基础。对未来的估计,是市场预测的核心部分,它是对调查所得的材料、数据进行科学分析,经过去伪存真、去粗取精后推导出相关结论,该部分是写好预测报告的关键所在。结尾部分是根据预测的结果提出的意见和建议,这部分要写得具体、切合实际。

3．落款的写法

在预测报告的标题下方或结尾下一行的右面写上个人、集体或单位名称,以示负责。同时注明预测报告的完成日期。

三、实例示析

参考样式

201×年国庆黄金周旅游预测报告

一、今年黄金周旅游市场基本形势判断

1. 整体市场平稳增长,预计略好于去年同期

我们对今年十一旅游表示谨慎乐观。就整体市场看,预计与去年同期相比略有增长,但不会出现爆发式增长行情。主要原因是:去年旅游市场波动明显,十一市场表现极为优异,今年前三个季度旅游需求都保持强劲,十一会水涨船高但预计不会集中爆发;世博会对客流有分流作用,也影响了上海出发的游客量;航空机位等资源紧张、报价上涨较大,对旅游需求有一定抑制作用,尤其是上海出发的中短途出境游和国内长线。此外,今年国庆节前紧邻中秋,中秋价格较平日上涨不明显,而国庆价格较高,中秋因素将影响国庆售卖进度,国庆出游预订较往年推迟,也会分流部分客户。但总体看中秋对长线影响不大。

因此,虽然黄金周依然是旅游高峰,但是很多旅游者可能选择利用休假错峰出行,特别是在价格上涨明显的时候。从长期来看,这种趋势有利于实现全年更均衡稳定的增长。

2. 在线旅游有较大幅度的增长,散客化、自助游和在线预订的趋势继续加强

就在线旅游情况来看,携程的机票、酒店和旅游产品预订量依然会有较大幅度的增长(30%以上),体现出旅游行业散客化、自助游和在线预订的趋势继续加强。尤其是在线预订自由行和"透明团"的游客量,增幅会超过在线预订机票和酒店的增长幅度。

二、黄金周旅游特点分析

1. 出境游需求强劲,国内市场恢复增长

出境游的需求依然很强劲,从携程的情况看,欧洲、非洲、美洲,以及港澳、韩国、泰国等线路,预计都会有大幅增长。台湾线路也很火爆,全部售罄。新推出的加拿大线路也已成团。

商务应用文写作

国内游方面，从整体市场看，国庆黄金周预计会是市场加速恢复增长的阶段。受水旱灾害等影响的国内游，在8月以来明显好转，我们预计会在黄金周有一个明显反弹。

2. 目的地市场冷热不均，出境长线热门，国内世博游是热点

（1）出境游

各目的地的冷热程度显示不同。欧美非洲等出境长线游是热门，往往提前一个多月报满，游客量也有明显增长，从携程的情况看，意大利、英国、埃及、肯尼亚、加拿大等尤其热门。东南亚海岛游和日韩游受到价格大幅上涨影响，游客量涨幅不明显。但泰国是一个亮点，从暑期以来市场迅速恢复，十一游客量明显超过去年。由于香港人质事件，菲律宾线路人气降到低谷，携程还关闭了十一的部分线路，导致游客量极少。

台湾线路受资源限制非常明显，十一从上海出发赴台旅游人数预计同比减少三分之一，价格则有两三成上涨。

携程预测，出境游热门目的地有：香港、首尔、普吉岛、济州岛、新加坡、曼谷、巴厘岛、东京、马尔代夫、台湾、意大利等。

（2）国内市场

世博游目前还没到预订高峰，但预计依然是一大热门，旅游人数可能创新高，达到每日六七十万人，但同时对国内其他线路会有一定的分流作用。从携程的情况看，预计以上海为目的地的游客量有望位居国内线路首位。南方特别是西南区域摆脱自然灾害影响后，8月份以来恢复的旅游人气将持续到10月，黄金周将有一个明显反弹；传统热门目的地北京、云南、海南、四川、福建、广西、陕西等依然受到大部分游客青睐。西藏、新疆也是今年的旅游热点，同比会有大幅增长。

携程预测，国内游热门目的地有：上海、北京、三亚、厦门、丽江、西安、桂林、青岛、九寨沟、杭州等。

3. 旅游消费需求和品质升级，优质纯玩团成为主流，一地深度游线路大幅增加，市场加速向休闲度假和深度游转变

从携程的情况看，今年黄金周的一个趋势是优质诚信游、深度游更受欢迎。比如携程的团队游客绝大部分都选择了纯玩团，特别是在香港线路和国内线路，纯玩团的参与群体越来越大。携程推出的"透明团"进一步受到市场肯定，旅游者对行程完全透明公开、无指定购物、无任何附加费、无强迫自费项目的团队游满意度非常高。选择自由行或者纯玩团等品质行程成为旅游者的出行主流。携程最近的一次调查发现，85%的网上旅游者拒绝低价购物团。

今年黄金周携程新推出的深度游线路成倍增加，很受市场欢迎。国庆欧洲一地深度游卖得比预期还要好，去欧洲的游客中，一国或者两国深度游的比例已经占一半以上。在东南亚也基本很少有多国连游的产品，绝大部分游客都是去海岛度假，或者去一地休闲，比如携程去新加坡的游客，八成以上都是用四到五天的时间，深度体验新加坡。

随着游客日益成熟，消费需求也在迅速升级转型，休闲度假的需求成为主流，对目的地和旅游产品的要求越来越高，走马观花、游客很难深入的传统旅游方式正在发生改变，市场会加速向一地深度游发展。

4. 消费水平升级，高端、豪华旅游走红

高端产品受追捧也是一个新的特点。携程今年国庆推出的豪华和顶级旅游产品数量大幅增加，而且涉及出游区域众多，顶级程度市场空前，参与人数增幅也最大。继50万元的顶级旅游团"环游世界60天"当天就订满后，我们专门针对国庆市场开发了十几种顶级产品，比如大溪地顶级小团游、非洲动物大迁徙顶级越野车小团游、中东六星+七星+八星酒店顶级游、台湾环岛之星顶级团队游等，提供"目的地最好的旅游体验"，很多都是市场首次出现，售卖情况都很理想。

此外，今年国庆在很多线路，豪华团相比经济舒适团更受欢迎，旅游者主动升级到更高的标准。

我们认为，国庆黄金周"顶级游"走红，是中国奢华游市场看好、旅游消费转型升级的一个新信号。

三、对旅游者的建议

黄金周出行客流高峰依然是十月一日到三日，价格也是最高，建议有条件者错峰出行。旅游者可以选择中秋出行，价格明显实惠。中秋、国庆之间则有一个价格低谷，是出游的好时机。也可以选择黄金周后期以及节后出行。

如果参观世博，黄金周属于指定日，建议游客提前预订行程，最好通过旅行社团队参观。

携程旅行网
201×年9月

案例简析：

这是携程旅行网对国庆黄金周旅游市场的预测报告。

标题由预测对象(内容)和文种两部分构成。正文采用了条文式写法，第一部分对2010年国庆黄金周旅游市场的基本形势作出判断并分析了原因；第二部分根据国庆黄金周旅游市场的基本形势对黄金周旅游的特点作出预测，结论明确，依据充足，表述精当；第三部分根据预测结果对旅游者提出建议。落款规范。

关注作者的选材角度及要点
- 上一年国庆黄金周旅游市场情况
- 当年整个旅游市场的形势
- 旅游者消费需求
- 旅行社可提供的旅游线路、旅游方式、旅游价格等

四、写作步骤

① 确定调研方向并客观地获取市场信息；
② 分析调研得来的材料，提炼主要观点；
③ 构思写作框架；
④ 依次表述写作材料、对策建议；

⑤ 修改文书,整理并美化版面。

五、复习与训练

1. 本节思考与复习题

① 市场预测报告的特点主要有哪些?

② 市场预测报告的标题应主要包含哪些项目?

③ 市场预测报告的正文主要应有哪几个部分组成?撰写时应注意哪些事项?

④ 市场预测报告与调查报告的联系与区别是什么?

2. 本节训练与活动方案

体验活动一:为了推进学校各年级同学的课外读书活动,丰富校园文化和促进学风建设,××学校团委在校党委的支持下,决定开设一个书报亭,批量购置教育部推荐的课外图书和同学们日常喜欢阅读的图书、杂志,此外还将与校图书馆合作组织书报评论活动,并颁发奖励证书和奖品(图书)。为了使读书活动有效开展并能受同学欢迎,团委宣传部组织了一次学生课外读书的调查活动,并在此基础上撰写了一份市场预测报告,供决策采购图书种类与数量作参考。

活动要求:按3—5人分为一组,根据所给材料及要求进行市场调研,在明确市场需求和团委开展读书活动的主题思想指导下,撰写一则市场预测报告。

提示:根据文种特点和写作要求取舍所给材料,明确写作重点,注意条理关系,现状材料较客观,分析推断应合情合理。

体验活动二:由于部分城市房价的过快上涨已超出政府的容忍程度,2010年各级政府制定颁布了一系列调控政策,以遏制房价过快上涨。今后一段时间房价到底是上涨还是下跌呢?××学校商贸类房地产经营专业的学生在老师的组织下展开了一次专题调研,并由此形成一份市场预测报告。

活动要求:这则文书的写作有一定的难度,但是作为商贸类学生,应该走进市场、了解市场,可根据所给材料提示,组织实地调研,并结合网上收集必要的数据,撰写这则市场预测报告。

提示:设计一份调查问卷,在学校有关班级按一定标准抽样填写;收集若干本地的楼盘价格进行纵向和横向的比较。在此基础上把握写作重点,提出自己的观点和必要的建议。

第二节 可行性研究报告

一、知识概述

可行性研究报告,是在调查研究的基础上,运用科学方法,论证拟建项目的一些主要问题,并对此作出综合性的、最优化方案的评价,供决策机构判断是否可行的应用文书。在经济活动中,可行性研究报告是拟建项目立项和申请建设资金必需的文书。只有提交了可行性研究报告,主管部门才会予以审批,并发给审批设计任务书;金融机构才会考虑给予贷款;主管银行才会对其申报引进技术、引进设备的请求予以批准;环保部门才会审查其对周围环境的影响。因此,编制可行性研究报告是建设项目前期工作中很重要的内容。

商务应用文写作

可行性研究报告,按内容侧重划分,有肯定性、否定性、选择性以及学术课题研究等类型。

可行性研究报告具有目的性、专业性、可行性、程序性等特点。

1. 目的性

任何企业编制可行性研究报告,都将围绕该单位发展的特定中心任务,都希望经过调查、核实、论证之后能具有新的经济增长点,从而获得有关部门审核通过。所以目的明确、主题鲜明、材料有较为充分的说服力,这些都是可行性研究报告必不可少的重要因素。

2. 专业性

可行性研究报告是为优选立项而编制的专题报告,涉及政策法规、专业技术及能力、经济业务、社会环境等各方面,所以具有很强的专业性。

3. 可行性

可行性研究,顾名思义是必须实事求是,对现有的资料、数据、反映的情况和问题,作出综合性地、恰如其分地分析判断,必须真实、准确、切合实际,经得起推敲。

4. 程序性

优选立项一般都要经有关部门层层论证审核才算完成。其结果要么是否定而废弃,要么是不断修改。所以完成送审稿只是编制可行性研究报告的第一步。程序也决定了撰文态度的严肃性。

二、写作指要

可行性研究报告一般包括标题、正文、落款(具名和日期)三个部分。

1. 标题的写法

标题一般由编写单位、项目名称和文种构成,如:"上海××学校关于扩建教学大楼的可行性研究报告"。有的则采用文章式标题,揭示中心内容,如:"股份制是深化改革的必然要求"。有的则采用双标题式样,如:"股份制是深化改革的必然要求——××厂关于试行股份制改造的可行性研究报告"。

2. 正文的写法

其内容一般包括:①开头:概述基本情况和可行性的总论断。②主体:说明项目建设的依据和必要性,叙述研究的目标和范围、项目的规模和市场需求、原料(资料)供应与有关条件的配套情况、企业(或课题组)组织机构设置、劳动定员、人员来源及培训计划、投资估算及资金来源(包括资金筹措办法)、项目实施进度安排、社会效益或经济效益评价等。有些可行性研究报告的研究范围广泛,因此可以按需要分别列小标题撰写。③结论:主要是根据上述各方面的论证,对项目建设的是否必要和可行性作出明确、肯定的判断,或提出相关的建议。④附件:主要是与项目有关的证明文稿、表格和附图。

重点一:可行性研究报告与预测报告的区别

1. 用途不同

可行性研究报告:分析具体项目实施前景,为可行性分析提供依据

预测报告:分析市场发展趋势,为宏观战略决策提建议

2. 内容要旨不同

可行性研究报告:论证是否具备实施项目的主客观条件,对所设目标利益进行评估

预测报告:说明现状,推测未来发展趋势

重点二:可行性研究报告特点

目的明确,切实可行;主题鲜明,有理有据;专题优选,程序衔接;业务熟练,严肃认真

重点三:格式要求

标题:位置醒目,项目明确

正文:细节周到,结论突出

落款:位置合适,信息正确

版面:格式正确,版面整洁

商务应用文写作

3. 落款的写法

在正文右下方写上撰文单位(或课题组)名称和完成该报告的日期,并加盖公章。

三、实例示析

参考样式

标题:
项目名称加文种

中外合资经营项目可行性研究报告

一、总说明

1. 外商投资企业名称

2. 外商投资企业地址

3. 项目负责人:中方姓名

　　　　　　外方姓名

第一部分:开头
概要说明提出项目的原因、依据、目的、实施单位的简要情况,以及可行性的总论断,说明可行性研究报告的编制程序和过程

4. 可行性研究报告编制单位及主要负责人

5. 可行性研究报告依据(项目建议书及有关单位的批准文稿)

6. 项目提出的背景,投资各方接触的经过,投资的目的、意义、前景和必要性

第二部分:可行性论证

二、投资各方的基本情况与条件

1. 中方投资者基本情况,包括:厂房面积、人员情况、技术力量、设备情况、现在所生产的产品、产量、交通运输条件等

项目依据之一

2. 外方投资者基本情况,包括:银行资信、经济实力、技术实力、所生产产品在国际市场的竞争能力、销售网点、渠道和总部所在地等

三、市场需求情况和生产规模

项目依据之二

1. 当前该类产品在国内、国外市场的需求情况

2. 外商投资企业产品的品种、规格、生产规模和发展方向

四、产品销售和外汇平衡情况

项目依据之三

1. 产品出口能力、创汇额度

2. 产品内外销比例、数量、销售方式、渠道并明确各方责任

项目依据之四

五、原材料、辅料、燃料、动力及公用设施等落实情况

主要原辅材料、零配件、能源、动力及运输条件等需求量供应的可能性,供应途径落实情况及费用估算。

项目依据之五

六、技术和设备

1. 产品制造工艺过程和工厂工艺布置

2. 引进技术的内容,引进方式,报酬,支付方式,使用年限,吸收、消化、掌握技术的能力及采取的措施

3. 设备选择、国内外选购设备清单、价格估算

项目依据之六

七、企业组织和人员培训计划

1. 外商投资企业组织机构设置

2. 人员构成、来源及工资标准,管理费用的估算

八、环境保护情况

生产过程中产生的废水、废气、废液等处理方法,费用估算等。

项目依据之七

九、厂址选择、土地征购及土建工程规模

1. 外商投资企业改建、扩建或新建的土建工程规模,建设周期,各项费用估算

2. 场地使用费的估算

十、总投资、各方投资比例及投资方式

1. 总投资估算

2. 注册资本金额

3. 各方投资比例和投资方式

4. 中方资金来源及落实情况

5. 外商投资企业需贷款金额、贷款可能及落实情况

十一、经济效益分析

1. 成本估算(总成本及单位产品成本)

2. 投资利润率和投资回收期

3. 外汇收入和支出分析、外汇平衡方案

4. 利润分配方案

5. 敏感性分析

6. 投资风险分析

十二、经营期限

根据项目的性质、建设周期、投资回收时间、利润高低的不同,各方共同商定的期限。

十三、综合分析及结论意见

附件

第三部分:落款

中方代表: 外方代表:

（盖章）   （盖章）

日期: 年 月 日   日期: 年 月 日

案例简析:

这是一则可行性研究报告的写作样式,它为初学者提供了写作思路和格式范本。从写作内容看,合作应当是双赢的项目,因此作者具体分析了双方的现有条件和合作的意向及方法,对涉及主客观条件以及合作后的人员培训和环保事项等作了较为具体的分析,这就为估算投资规模和赢利的可行性分析提供了较为翔实和可信的依据。这样的写作思路也是初学者应当在练习过程中认真揣摩的。

四、写作步骤

① 分类归纳、分析所掌握的材料;

② 根据企业中心工作的需要对材料进行整理加工;

③ 确定写作框架结构;

④ 有层次地表达相关材料及观点;

⑤ 反馈征求意见;

⑥ 修改润色并美化版面。

五、复习与训练

1. 本节思考与复习题

① 可行性研究报告的意义与特点是什么?

② 编制可行性研究报告为什么特别要强调"思路清晰,利弊明确"?

③ 可行性研究报告与市场预测报告有什么不同?

2. 本节训练与活动方案

体验活动一:××学校"市场营销"专业241班打算为代表学校参加全市中学生运动会的每一个学生购置一套运动服装。但有些同学提出费用太高,有些则提出日常使用率不高,班委因此有些举棋不定。请结合你了解的本班同学情况,代拟这份可行性研究报告。

活动要求:先了解并把握同学具体的想法,对购买该服装的利弊形成比较清晰的认识,然后应尽可能分析得细致、周到。

提示:尤其应关注购衣指导思想、经济利益等要素。如果对项目持肯定态度,则须对同学的疑虑给出说法。

体验活动二:××学校"市场营销"专业241班的××同学不幸患了白血病,急需30万元医疗费。该校学生会在组织同学捐款1万元之外,还想组织一次义卖活动筹款2万元,连同教职工捐款5万元(共8万元)一起帮助患病同学。但是义卖前景如何并无把握。请拟一份可行性研究报告。

活动要求:先了解义卖的性质和意义,再对义卖的商品及前景作必要的讨论,对活动的内容及方式有比较清晰的认识后再动笔编制报告。

提示:尤其应关注校园市场的特殊性,对卖什么、怎么卖、有多少收益等,尽可能分析得细致、周到。

第三节　意向书

一、知识概述

　　意向书是企业之间为实现各自的意愿或目的,在经济合作中就合作事项经过多方协商,取得一致意见后订立的互相遵守的书面文书。它可以是在往来信函的基础上形成的,也可以是在谈判纪要的基础上形成的。这是一种体现各方意愿的初步条文,它是双方进行实质性谈判的依据,是签订协议(合同)的前奏,各方应当共同遵守,但是它尚不具备法律的约束力。

意向书具有协商性、灵活性和临时性等特点。

1. 协商性

合作意向源于各方的利益与意愿。在经济活动事务中,如果没有各方的平等互利,没有各方的友好协商,没有合理的利益分配,就很难形成合作的意愿,也就不可能进而形成意向文书。

2. 灵活性

意向书是利益协商或谈判的产物,因此要能体现各方利益,合作的各方会作出必要的让步,即适时地调整利益目标与谈判立场,这就是灵活性的表现。

3. 临时性

意向书是一份合作的临时文本,因为它本身并不具有法律的强制约束力,当各方进一步以具有法定效用的合同或者是协议书来明确各方的权利和义务后,意向书的作用将完全消失而不复存在。因此,意向书虽然也要求签名盖章,但其实仅仅是一份过渡性的建议文书。

二、写作指要

意向书的书写格式有三种:条文式、表格式及条文表格综合式。其具体内容一般包括标题、正文和落款三部分。

1. 标题的写法

一般由洽谈合作项目的名称与文种名称构成,如:"合资兴建××花园广场意向书";有时也只标明文种名称,即只写"意向书"三个字。

2. 正文的写法

正文一般包括序言、合作事项和未尽事宜的补充等三方面内容。①序言一般含有合作双方的名称、商谈的时间与地点、商谈的目的与原则、双方的合作与洽谈的依据等。有时还写上双方负责人、总部所在地、企业资质文件(执照编号、副本、批准单位名称及批准时间、信誉资料等)。②合作事项是指双方意图实现一致认识的条款,一般包含合作项目的计划规模、投资方式、合资比例、预计经济效益及利益分配等。有时也写上意向内容具体实施的步骤、意向各方应尽的义务及承担的责任、意向的有效期限等。③对未尽事宜的补充,如:合作双方尚有哪些问题需要进一步洽谈,如何安排工作日程,预计达到最终协议的时间等。

3. 落款的写法

在正文的右下方写明参与磋商、谈判各方单位的名称、谈判代表姓名,并在具名下注明签署意向的日期。有的意向书还写上单位地址、开户银行、账号,有时也写上单位负责人姓名。

标题：
项目名称加文种

参考样式

合资兴建麦秆草席加工厂意向书

第一部分：序言
合作双方的名称、商谈的目的与原则、双方合作与洽谈的依据、商谈的时间与地点及过程，表明达成一致的意向

中国××省××公司、××市××厂与日本东京××公司本着"友好、平等、互利"的原则精神，于2010年×月×日至×月×日、2010年×月×日，先后两次在中国××市就合资兴建麦秆草席加工厂有关事宜进行了友好协商。在此基础上，中国××省××公司派员于2010年×月×日至×月×日，赴日本东京对此事进行了进一步磋商。日方应我国对外友好协会的邀请，于2010年×月×日至×月×日，一行四人在我国对外友好合作服务中心有关负责同志的陪同下，对中国××市××厂进行了实地考察和商定，三方同意利用中国××省××市××厂的现有厂房等设施合资兴建一座麦秆草席加工厂，现达成如下意向：

第二部分：
阐述双方达成一致认识的合作事项（条文式）

一、整体规划、分期投资

第一条款
侧重怎样投资

① 中方以××省××市××厂现有厂区土地（空坪）40亩、车间6栋、办公楼1栋、配电房1栋和其他生产和生活等设施，作为合资股份总额，分为两次投资入股。

② 第一期以现有车间3栋、办公楼1栋、厂区土地（空坪）20亩、配电房1栋等其他辅助设施，投入合资兴建麦秆草席加工厂。

③ 第二期项目的投入，根据需要与可能相结合的原则，在一期合资兴建麦秆草席加工厂获得中方正式批准之日起10个月内，三方签署第二期合资项目的意向书，与此同时，再用两个月时间，提供项目的可行性报告、项目建议书、项目的合同、章程等有关资料，以利申报。超过上述期限，第二期项目的投入视为自动放弃，中方可将所剩余的车间3栋、土地20亩等，自行安排。

二、合营期限与货币计算名称

第二条款
侧重利益结算

① 时间从2010年×月至2020年×月止，计10年整，一方如需继续履行此合同，须经三方协商同意后，重新申请延期，并申报有关部门办理延期手续。

② 合同期满后，其固定资产的残值归中方所有。三方无论采取什么投资方式，一律以美元为计算单位进行核算。

第三条款
侧重投资效益

三、工厂规模

工厂占地面积为28.6亩，年生产能力为21.6万床草席，职工人数为100人。

四、投资金额及比例

第四条款
侧重投资比例

合资工厂总投资额为×××万美元。日方投资×××万美元，占总投资额的52.1%，其中包括提供全套生产草席的机器3套、辅助设备、生产和工作用车1辆、部分办公设备，以及现有工厂改造、配套及生产周转资金。中方投资×××万美元，占总投资额的47.9%，其中××省××公司为17%，×

×市××厂为30.9%,以车间3栋(面积为4425平方米)、办公楼1栋(1434平方米)、配电房1栋(120平方米)、高压供电输电专线、配电设备、柴油机发电机组、饮用水电机井等作为投资入股。

五、责任分担

中方：

① 在三个月内办理有关中外合资企业的申报、审批和工商登记注册等手续。

② 对厂区的整体规划、附属设施的配套完善及财产保险等工作。

日方：

① 派遣技术人员3名,为中方培训技术工人、指导生产及设备安装。

② 包销10年内所生产的全部产品(共计×××万床麦秆草席),提供生产周转资金及工厂改造配套所需的资金。

六、利润分配及亏损分担

① 三方按认可的投资比例分配利润及承担亏损责任,即中方获得全部利润的47.9%(其中××省××公司为17%,××市××厂为30.9%),日方获全部利润的52.1%。

② 亏损按利润分配比例承担。

七、说明

① 合资兴建工厂的未尽事宜,在正式签订协议时予以补充。

② 此意向书用中、日两种文字书写。

③ 此意向书共制九份,三方各持三份。

④ 此意向书从签订之日起生效。

中国××省××公司代表×××(章)

××市××厂代表×××(章)

日本东京××公司代表×××(章)

2010年×月×日

> 第五条款
> 侧重投资责任

> 第六条款
> 侧重利益分配

> 重点四:写作要领
> 事项具体,条款明确;
> 条理清楚,措词严谨;
> 行文规范,可行可信

案例简析:

这是一则吸引外资合作兴建加工厂的意向书。其正文由序言概述、具体项目的构想以及未尽事项的补充说明三部分构成。由其内容所涉及的范围以及权利与义务的事项规定,很能体现意向书的作用与特点。要注意的是,说明中的第一条也规定了本文书只是"草签"文书的性质,今后正式签订协议还将有内容的细化和扩充。

本示例为条文式意向书,格式规范。

四、写作步骤

① 整理谈判纪要或者其他类似的文书资料;

② 正确理解各方意愿,确定文书框架;

③ 提交有关方面审阅,收集修改意见;

④ 根据意见来修改意向文书;

⑤ 整理版面,交付印制。

五、复习与训练

1. 本节思考与复习题

① 意向书的意义与特点主要有哪些?

② 意向书并不具备法律强制效用,但为什么它还有存在的必要,而且人们还应该重视它呢?

③ 落款中只签名,不盖章是否可行? 为什么?

④ 意向书有几种书写格式? 其正文主要应当包括哪些内容?

2. 本节训练与活动方案

体验活动一:2010年12月,××学校为了推进学校实践性教学活动,促进学生毕业就业工作,招生办主任张××老师与××市××百货集团公司李××主任签订了一份实习教育意向书。商定的主要事项有:校方输送合格的毕业班学生,提供教学要求和考核要求;公司方提供实习场所和业务锻炼的机会,提供免费午餐和车贴每人每月500元。双方共同实施管理。实习时间是2011年1月20日至6月20日。双方在达成一致意向后签署了洽谈意向书,并分别回去向单位领导汇报。

活动要求:在教师指导下正确理解各方达成一致的有关事项内涵,联系自己所知道的实习情况及有关环节,撰写这则意向书。

提示:明确写作事项,注意条理关系,用条文式。注意格式要规范。

体验活动二:据国家有关部门统计,××市连锁超市已经突破六千多家,其中联华超市规模是国内第一的。××学校为了推进学校实践性教学活动,主动上门与联华超市的业务部联系,希望与该超市强强联手,在校园内建设两家联华超市的连锁便利店,全部由学生自行管理,由此作为学校的实习实训基地。超市方的责任主要是及时提供优质上架商品,并按市场价70%结算。谈判在2010年10月启动,于12月达成一致意向,计划在2011年9月正式开出两家便利店。

活动要求:这则文书所给材料并不全面,但是可根据所给材料提示的线索,结合所学商贸专业知识,补充必要的素材,撰写这则意向书。

提示:条文写作的关注点一是合作经营(连锁),二是实习目标和管理方式。条文要周到,条理要清楚。

第四节 合 同

一、知识概述

合同是平等主体的自然人、法人、其他组织之间设立、变更、终止民事权利义务关系的协议。具体说来,就是签订人为了实现一定的经济目的,按照国家政策和法律规定,确定各自权利和义务而签订的协议文书。合同一般是以经济事务活动为内容的契约，是协作关系的具体反映。合同依法成立，它保护合同当事人的合法权益，合同当事人应当遵循公平原则，依法享有自愿订立合同的权利；合同当事人必须全面履行合同规定的义务，任何一方不得擅自变更或解除合同。

常见的合同，主要有买卖合同，供用电、水、气、热力合同，赠与合同，借款合同，租赁合同，融资租赁合同，承揽合同（包括加工产品、修理机器、复制物品、检验、定制物品等），建设工程合同（包括勘察、设计、建筑、安装等），运输合同（包括市内运输、铁路运输、公路运输、内河运输、海洋运输、航空运输等），技术合同，保管合同，仓储合同，委托合同等。

合同具有法规性、严谨性、平等互惠性等特点。

1. 法规性

制订合同的基本原则就是签订合同的各方必须遵循国家政策及有关法规。因为一切经济活动都必须在有序、健康的市场中进行，离开了国家政策及有关法规，各方的经济利益都将得不到保障。法律只保护具有法律意义的有效合同。

2. 严谨性

合同条款是互相制约、具有相当周密性的一个整体，缺少任何一条必要的条款，都将导致合同具体履行上的问题，直至导致有关签约方的损失。比如款式或规格，有时用文字表述还不够，甚至还需留存样本，以作验收之用。尤其是表格式合同文本，如果有不周之处，应该用文字将未尽事宜——补上。

3. 平等互惠性

签约各方当然都想为自己谋取最大的经济利益，但是，如果离开了平等互惠，合同也就签订不成，则最基本的利益也不能得到。所以，洽谈必须兼顾各方利益，签约必须兼顾各方的权利与义务。

二、写作指要

合同的格式有三种，即表格式、条款式、表格条款综合式。不论哪种格式，一般都具有标题、正文和落款三部分。

1. 标题的写法

合同的标题，一般只表明合同的性质，即合同的种类，如："买卖合同"、"供电合同"。其位置写在第一行中间。

2. 正文的写法

正文是明确签订者之间权利和义务的内容，必须认真推敲。合同的内容一般分为标的、数量和质量、价款或酬金、履行的期限、地点和方式、违约责任等。

3. 落款的写法

在正文右下方写明合同双方单位的全称或经办人的姓名，并分

重点一：合同与意向书的区别

1. 效用不同

合同：具有强有力的法律约束力

意向书：不具备法律的强制约束力

2. 关系不同

合同：往往是意向书的升华，是协作关系和经济利益在法律上的具体体现

意向书：是形成合同、协议书的基础，具有备忘录作用

重点二：合同特点

遵守法规，健康有序；条款严谨，力避疏漏；平等互惠，兼顾利益

重点三：格式要求

标题：位置醒目，项目明确

正文：事项周到，表述严密

落款：签名盖章，位置正确

版面：格式正确，版面整洁

商务应用文写作

别盖上公章和私章。如需要有上级领导机构证明的,则在下面要写明双方上级及加盖公章。最后要用汉字写明签订合同的日期。

三、实例示析

参考样式

标题:
货物名称加文种

水泥购销合同

甲方(购方):_____
乙方(销方):_____

经双方协定一致,签订水泥购销合同条款如下:

一、数量、计量单位、单价、金额:

品名	规格	单位	数量	单价(元)	金额(元)	备注

价金总额(大写)　拾　万　仟　佰　拾　元　角　分　¥

二、质量标准:水泥标号执行国家规定标准。由乙方按批向甲方交送水泥出厂质量通知单。甲方凭单验质。

三、袋重合格率达到国家规范。

四、交货方式、地点和运杂费负担:甲方组织运输工具到乙方仓库提货,运费、上下车费等均由甲方自理,乙方凭合同和甲方收货人出据的证明发货。若遇便车,乙方可以代运,其代运费用概由甲方负担。乙方垫付的款项,随同水泥价款一并结算。

五、甲乙双方必须按如下期限提(供)货:

___年___月___日前提(供)___吨。其中:___吨,___吨。
___年___月___日前提(供)___吨。其中:___吨,___吨。
___年___月___日前提(供)___吨。其中:___吨,___吨。
___年___月___日前提(供)___吨。其中:___吨,___吨。

甲方逾期提(收)货的,乙方有权处理该货,并不免除甲方责任。

六、付款办法和期限:

1. 甲方在_____年_____月_____日前付定金_____元。

2. 采取先汇款后结算方式:甲方按购水泥总金额分期先汇款。
___年___月___日前电汇___元;___年___月___日前电汇___元;
___年___月___日前电汇___元;___年___月___日前电汇___元。

3. 采取托收承付方式:按《中国人民银行结算办法》第八条第一、二、三、五、六、七、八项规定执行。乙方每月__日~__日凭实发水泥开具销售发票向甲方开户银行办理托收。

抬头:
分行对应写明签约人(单位)。一般规则是购(需)方为甲方在上;销(供)方为乙方在下

正文:
首先写明签约的原则依据"协商一致",然后分5类8个款项叙述

标的、数量、质量和价格:①标的是合同中权利与义务所指的对象。这里即品名项"水泥"。②数量和质量是确定权利义务大小的重要依据。要写得具体、准确,如:毛重还是净重,什么型号、规格、等级,是国标、部标还是地方标准等。③价格或酬金是取得标的或接受劳务的一方向劳务提供方支付的代价。这里分单价和金额两项

履行的地点、期限和方式(有四、五、六共三款):①履行地点是指履行合同义务所规定的地方,如:交货地点、付款地点。不同的地点会导致不同的成本支出。②履行期限就是指履行合同某条款的时间限制。③履行方式是指履行合同的具体办法,如:一方用何方式把货物交给另一方,是一次性履行,还是分次履行

七、违约责任：

甲方责任：

1. 中途退货或违约拒收的，偿付退（或拒收）货部分货款总值____%的违约金。逾期提货的，每天偿付逾期提货部分货款总值____%的违约金，并承担乙方实际支付的代管费用。

2. 逾期付款的，每天偿付逾期付款总额____%的违约金。

乙方责任：

1. 不能交货的，偿付不能交货部分货款总值____%的违约金；逾期交货的，按逾期交货部分货款总值计算，每天偿付____%的违约金。

2. 所交水泥质量、规格不符合同规定，除自费负责处理外，还要赔偿实际经济损失。

八、本合同一式__份。经法定代表人签字后生效。有效期自____年____月____日起至____年____月____日止。

甲方：_____（章）　　乙方：_____（章）

代 表 人：_____　　　代 表 人：_____

电话：_____　　　　　电话：_____

开户银行：_____　　　开户银行：_____

账号：_____　　　　　账号：_____

____年__月__日　　　　____年__月__日

案例简析：

这是一则表格条款综合式的合同范文文本。条款比较严密、周到，格式比较规范。要着重指出的是：抬头部分中的单位名称必须是法定的全称，不能写成简称。此外，合同的标的可以是货币、货物、工程、劳务、租赁物等。

四、写作步骤

① 明确所有的条款要求与内涵；

② 确定文书框架结构；

③ 按要求逐条叙写或填写相应条款；

④ 提供给立合同各方以斟酌修改；

⑤ 根据反馈的意见要求修改；

⑥ 整理版面，交付打印盖章。

五、复习与训练

1. 本节思考与复习题

① 合同的意义与特点主要有哪些？

② 经济合同的文本样式有几种？它们各有什么长处？

③ 简述合同与意向书的联系与区别。

2．本节训练与活动方案

体验活动一：张××是××学校旅游管理专业的学生，由于母亲突患重病，急需3万元支付手术费用，无奈之下小张想到学校求助借款。考虑到小张是品学兼优的学生，出于爱心和关心，学校破例借出3万元，并和小张签订了一份借款合同。

活动要求：复习撰写合同的基本要求，考虑借款可能会产生的纠纷，以使条款之间尽可能周到严密。撰写这则合同。

提示：要尤其重视这份合同中的时间、地点及违约责任的约定。

体验活动二：××××年1月，××学校为了推进学校现代化校园建设工程，聘请××网络工程公司进行校园网的建设工程。建设工程的总预算为100万元，协议在当年8月15日之前完工，以确保新学期能顺利开通使用。

活动要求：认真领会合同条款之间的关系，根据所给材料提示写一份建设工程合同。

提示：明确标的及质量验收要求，尤其应把握违约责任的界限及表述尺度，用条文式。如果有需要补充的条款，请自行酌情补上。

第五节　商业广告

一、知识概述

商业广告是以经济利益为根本目的，有计划地通过媒体传播商品、服务或企业的信息，从而促进销售的大众传播活动。其文案部分也是日常工作与生活中常见的一种实用文书。

商业广告主要有真实性、原创性、法规性、艺术性、民族性、有效传播性等特点。

1．真实性

这是广告文书的生命所在。它应该是商品、劳务或企业形象的客观反映。广告允许在形式上借助于一定的虚构，但是内容决不能虚构，这不仅是有关诚信的道德自律问题，更是法律意识与责任的问题。虚假失实的广告，从根本上说损害了消费者的利益，同时也必将损害企业自身的利益。

2．原创性

商业广告应该宣传自家特色，否则就不能占领市场，甚至没有立足之地。这就要求广告人另辟蹊径，推陈出新，既要产生相应的震撼效果，也要在一定程度上防止侵犯别人作品(如：宣传用语、宣传标志等)的权益。

3．法规性

遵守《广告法》和其他法律、法规，主要表现在思想内容的健康性、信息表述的科学性、广告行为的政策性等方面。要充分重视广告的社会影响,兼顾广告的教育和美化功能。在市场竞争中不侵权、不恶意攻击同类商品或竞争对手。

4. 艺术性

广告应通过丰富多彩的艺术形式,以真善美的形象表现其主题和创意。这种艺术性的具体表现就是文字的形象性、内容的情趣性、过程的娱乐性和意境的欣赏性。艺术性是广告魅力的源泉,也是鼓动并激励消费者悦近来远、实现企业经济利益的基本保证。

5. 民族性

广告总是针对一定时期、一定地方的一定对象的,它要借助于人们喜闻乐见的形式来反映其精心的策划和消费者的归属需求,但是它必须适应相应的社会生活和文化传统,诸如时代气息、生活方式与习惯、风俗、语言以及相应的禁忌等。

6. 有效传播性

广告的最终目标是获得经济效益,能否心想事成,一个重要因素就是看传播过程是否合理有效,它包括策略的选用、文书的创意、手段的个性化、选择媒体的恰如其分等等。检验广告文书是否优秀,根本上就是看文书能否充分调动受众的感觉器官,产生预期效果。

二、写作指要

一份内容完整的商业广告文书,其格式应包括标题、正文、口号和结尾四个部分。其中广告口号可以兼做标题,可以穿插在正文之中,也可以自行独立。

1. 标题的写法

标题是广告主题和基本内容的集中表现。常用的广告标题有直接标题、间接标题和复合标题三种。①直接标题是把广告最重要、最本质的内容一语道破。②间接标题是不直接告知企业、商品名称,而着力诱发读者对产品的兴趣,达到引导他们阅读正文,进而全面了解商品的目的。这类标题富有知识性、文学性和趣

重点二:商业广告作用

首要功能是促销:沟通信息、指导生产、刺激需求、引导消费,进而繁荣市场经济,有助于市场竞争,最终取得广告的经济效益

教育:广告传播信息的同时,能反映和推广社会科学知识和生活知识,有助于移风易俗,从而取得社会效益

美化生活:广告人不断地借助艺术表现手法来开发、构思的广告作品美化了社会生活环境,进而美化了人们的生活,最终取得广告的心理效益

重点三:商业广告特点

真实 原创 守法 艺术 习俗 传播

重点四:广告标题的意义

据研究,人们关注标题的时间往往在5秒钟之内,如果标题不能给予最大信息、最大吸引力,广告必将失败,标题也因此被喻为是广告的"眼睛",广告的灵魂

重点五:广告标题与广告口号的区别

1. 与正文关系不同

广告标题:一文只对应一题

广告口号:在一定时期内一般是固定不变的;不同的广告文、不同的广告媒体,都可以使用同一个广告口号

2. 作用不同

广告标题:是正文题目,引导消费者关注并阅读正文

广告口号:建立一种观念,指导消费者选认企业、选购商品、选用服务

3. 权益保护不同

广告标题:不受注册保护

广告口号:在特定情况下同商标一样受到法律保护,不容许随意仿效

商务应用文写作

味性。③复合标题,是把直接标题与间接标题相结合的一种形式,使两类标题在一起相映成趣,更好地发挥广告效应。

2. 正文的写法

正文是广告的主体,一般包括三方面内容:一是商品的品种、性能、特点、用途和使用方法;二是出售商品的方式、时间、地点等;三是为顾客所提供的售后服务、责任和其他好处。其写法主要有:①陈述式。陈述商品名称、功能、规格、价目等。其优点是直截了当,一目了然。②问答式。采用设问或对话形式介绍商品。优点是形式活泼,易于激发好奇心和购买欲。③证言式。借用权威人士或明星的评价或赞誉来宣传介绍商品。优点是借助名人效应,说服力强。④文艺式。针对消费者心理,运用艺术语言介绍商品。常见的有描述体、幽默体、小说体、诗歌体、对联体、相声小品体等。优点是富有形象性和感染力。

3. 广告口号的写法

广告口号也叫广告标语。它是企业从长远的利益出发,在一定时期内反复使用的特定宣传语句,它要使受众理解和牢记一个确定的观念,这个观念无形中就成为人们消费时的选购依据。例如,"可口可乐"从1886年至今用过的广告口号不下一百条,著名的有"请喝可口可乐"、"享受一杯欢乐饮品"、"好味道的象征"、"可口可乐……好时光"、"永远的可口可乐"、"活力永远是可口可乐"等,就连广告界非常著名的一句广告口号"挡不住的诱惑"也是出自它曾经用过的口号:"可口可乐——挡不住的诱惑"。广告口号的构思要领可以从广告口号中的内容,诸如功效型、优质型、双关型、好兆型、开拓型、行动型、激励和召唤型等方面来确定。

4. 落款的写法

广告的落款也叫广告随文,详细写明生产、销售单位的名称、地址、电话号码、电报挂号、开户银行、联系人等,有时也写一些促销活动的解释性话语,如:奖品的兑现方法及解释权等。

三、实例示析

示例一：

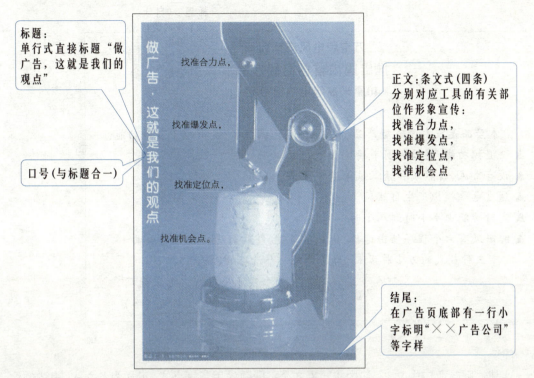

标题：
单行式直接标题"做广告，这就是我们的观点"

口号（与标题合一）

正文：条文式（四条）分别对应工具的有关部位作形象宣传：
找准合力点，
找准爆发点，
找准定位点，
找准机会点

结尾：
在广告页底部有一行小字标明"××广告公司"等字样

案例简析：

宣传重点突出、语言简洁、信息明确、图文并茂，有很强的视觉冲击力。

示例二：

标题：
你能想象的，我们都能看见
（口号与标题合一）

正文（紧接标题的几行小字）

结尾：
广告左下方有微软公司名称等

案例简析：

这也是一则以视觉形象为主、图文并茂的广告作品，传达了丰富的虚拟空间信息，给人以现代生活方式的遐想和追求。

示例三：(纯文字广告)

标题：(自上至下依次为)
引题
正题
副题

万宝牌电风扇系列
推出国内首创高级产品
40厘米高级电脑遥控扇

本产品是技术密集型产品，款式新颖，色调温馨，具有以下多种功能：

▲ 全遥控功能，遥控范围半径10米

▲ 设有常风、自然风和睡眠风等多个风档

▲ 通过电脑模拟产生自然风

▲ 定时功能由半小时到八小时

▲ 睡眠风有六个程序任由选择，使用睡眠键，即同时送出轻柔的乐曲

十三种款式的万宝牌风扇，为您带来一个清凉的夏天！

正文

口号

落款
××实业公司××电风扇厂
地址：(略)　　电话：(略)

案例简析：

这是一则商业广告文书，其构成要素齐全。标题采用了复合式，正文为条文式，表述的信息较为丰富、醒目。此外，该系列产品较为稳定的广告宣传口号与正文融为一体，既丰富了正文内容，增加了感染力，又使得该产品品牌琅琅上口，易记，易激发购买欲求。

四、写作步骤

重点六：写作要领
内容真实，文字精确；
主题突出，立意新颖；
形式多样，生动活泼；
语言规范，合乎标准

① 确定广告主题构思创意；

② 确定写作框架；

③ 依次撰写广告文书内容；

④ 提炼广告口号；

⑤ 修改润色，美化版面。

五、复习与训练

1. 本节思考与复习题

① 商业广告的意义与特点是什么？

② 阐述广告标题与广告口号的联系与区别。

③ 联系生活中熟悉的事例,简要说明广告口号的构思要领。

2．本节训练与活动方案

体验活动一:下面是几则商业广告口号:

① 只需一指之劳,即能完成预定工作。——某包装机械广告

② 从前每片刮10人,后来刮13人,如今可刮200人。——美国某剃须刀片广告

③ 新事业从头做起,旧现象一手推平。——某理发店广告

④ 让沐浴精彩,让皮肤光彩。——某美容沐浴露广告

⑤ 今天你喝了没有?——乐百氏奶广告

⑥ 输入千言万语,打出一片真情。——四通打字机广告

活动要求:从修辞手法和语言技巧方面体会以上几则广告口号并简要评析它们的特点及主要意义。

提示:① 该包装机械广告属于功效型构思。

② 该剃须刀片广告属于优质型构思。

③ 该理发店广告属于双关型构思。

④ 该沐浴露广告属于呼告型构思。

⑤ 乐百氏奶广告属于召唤型构思。

⑥ 四通打字机广告属于激励型构思。

体验活动二:您的孩子是否偏食厌食?您是否为此想尽办法、伤透脑筋?您是否在担心孩子不能有效吸收营养?

现在不用担心了。因为有了三九童泰口服液,它融合了传统医学与现代科技成果,从调理脾胃入手,能有效促进食物消化和营养均衡吸收,解决儿童厌食和偏食现象,是儿童成长的好帮手。

三九童泰采用纯天然药用食物,安全温和、不含激素,并有儿童喜欢的酸甜果味。孩子服用更放心,更开心。

出品:三九企业集团九升生物制品厂

上海医药总经销:惠普保健品配售有限公司

电话:(略)

活动要求:根据所给文书案例,为这则商业广告撰写一则广告口号。

提示:① 先体会其宣传重点,选择写作角度。

② 广告口号的基本要求是主题鲜明,琅琅上口。

体验活动三:刷牙是每个人天天要做的事情,市场上牙膏的广告有很多。请选择一款你熟悉的(或使用过的)牙膏,根据撰写商业广告的一般要求,写一则牙膏广告文书。

活动要求:标题、正文、口号和结尾项目齐全,表述符合广告文书基本规范。

提示:实物广告的写作角度或是侧重品质,或是侧重功效、特点、价格、心理愉悦等。可就其中一点或最突出的几点编撰成文。

第六节　商品说明书

重点一：商品说明书与产品说明书的区别

1. 用途不同

商品说明书：介绍、推广、宣传商品，指导消费，扩大销售

产品说明书：帮助了解产品信息，增加质量诚信度

2. 内容要旨不同

商品说明书：用途、规格、性能、使用方法、消费观念等

产品说明书：型号、产地和厂家名称、合格等级、结构和材质、使用方法、有无副作用、保质期及维护办法、质量检验标志、与生产、代理、挂牌、联营企业的联系方式等

重点二：商品说明书特点

● 南方黑芝麻糊已获得国家绿色食品标志使用权。
● 南方商标荣获中国驰名商标称号。
● 本公司已通过ISO9001: 2000质量管理体系认证。

　南方黑芝麻糊是秉承多年的生产经验，遵循"营养与健康"的开发宗旨，利用科学的SSCE工艺精制而成，与传统工艺生产的黑芝麻糊相比较具有以下优点：

原料优，味道好：
精选天然优质主料及多种辅料，风味独特，温馨浓香。
工艺新，营养全：
全封闭的生产过程，采用SSCE工艺不仅保存香味而且较好地保留原有营养物质。
品质优，易冲调：
严格的生产质量控制，保证产品的卓越的品质。

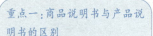

南方黑芝麻糊说明书(节选)

● 体现知识性："原料优"，"工艺新"、"品质优"
● 体现客观性：多项优质称号
● 体现实用性："味道好"，"营养全"、"易冲调"

一、知识概述

　　商品说明书是关于商品用途、规格、性能和使用方法的一种文字材料。商品说明书主要运用说明这一表达方式，以通俗易懂的语言、简洁凝练的文字，真实、准确地对各种商品进行介绍和说明。其目的是介绍、推广、宣传商品，起到指导消费和扩大销售的作用。

　　由于商品种类繁多，其用途和说明的内容侧重都有所不同，因此商品说明书的写作形式多种多样，常见的有短文式、条文式和复合式。

　　商品说明书具有知识性、客观性、实用性等特点。

1. 知识性

　　对于每一种商品，商品说明书都有普及宣传商品知识的特定作用，人们也随之从不知到了解，进而学会使用，方便自己的工作与生活。例如，音响由收音机、录音机以及其组合而发展过来，其操作方式由旋钮、按钮到遥控，每一个进步的台阶都伴随着先进知识的普及，从而给人们的生活带来极大便利。

2. 客观性

　　商品说明书的语言应当是非文学性语言，不能有任何的虚构与夸张，应当是准确、客观的介绍，否则轻则失信于消费者，重则害人性命。例如，电器产品、药用产品都有极为严格的语言限制。

3. 实用性

　　商品说明书应当是人们生活的助手，既可以在消费之前参阅，也可以在使用商品的过程中随时查阅，因而它具有很强的实用性。也因此，较之商业广告，商品说明书更具体，针对性也更强。

二、写作指要

　　商品说明书的结构一般包括三个部分：标题、正文、落款。较长的说明书，其正文有时为小册子的若干页或是内外包装袋上的有序分布。

1. 标题的写法

　　标题写在第一行中间，一般是写上商品名称(如："美加净牙膏")或商品名称加"说明书"、"说明"或"介绍"等字样(如：

"格兰仕微波炉说明书")。有些短文式样的说明书可以选用文章式标题,如:"一股浓香,一缕温暖"。

2. 正文的写法

正文是商品说明书的主体,一般包括商品的制作方法、商品性质、性能、特点、用途、使用方法和注意事项等。可以根据商品性质,侧重说明某一项,有的项目也可以不写。正文的写作一般运用短文式、条文式和复合式。

3. 落款的写法

在正文的下面标明商品的生产单位、厂址、有效期、电话等。

三、实例示析

示例一:(短文式)

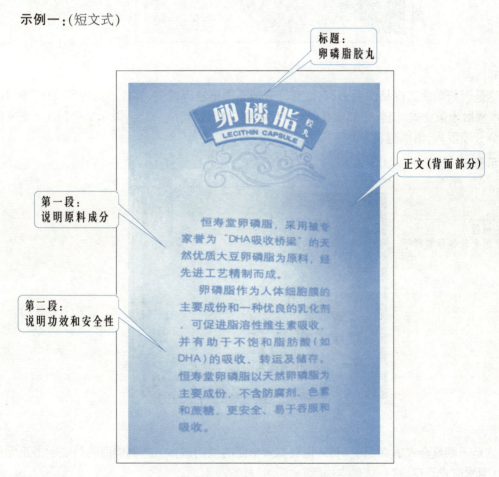

标题:
卵磷脂胶丸

正文(背面部分)

第一段:
说明原料成分

第二段:
说明功效和安全性

恒寿堂卵磷脂,采用被专家誉为"DHA吸收桥梁"的天然优质大豆卵磷脂为原料,经先进工艺精制而成。

卵磷脂作为人体细胞膜的主要成份和一种优良的乳化剂,可促进脂溶性维生素吸收,并有助于不饱和脂肪酸(如DHA)的吸收、转运及储存。恒寿堂卵磷脂以天然卵磷脂为主要成份,不含防腐剂、色素和蔗糖,更安全、易于吞服和吸收。

案例简析:

商品说明书往往以商品外包装为载体,因此该产品包装盒的六个面都可以被用作撰写说明书的版面。

这是一则短文式商品说明书,它对商品进行概括的、科学的介绍和说明。其优点是文字简明,内容完整。本例撷取的为说明书背面部分,内容明确,层次清楚,言简意赅。

示例二：（条文式）

标题：
白蘭氏传统鸡精*

正文：
第一部分：概述性质、效用与安全性
第二部分：前八项逐项具体说明
第三部分：末一项兼具落款作用

案例简析：

　　这是一则条文式商品说明书，它对商品分条逐项地进行说明。其优点是内容具体、条目清楚。本例虽为条文式，但版式却颇具匠心。标题部分嵌进"传统"二字，以示文化积淀。正文条款部分分项罗列，清晰醒目。

示例三：（复合——图文式）

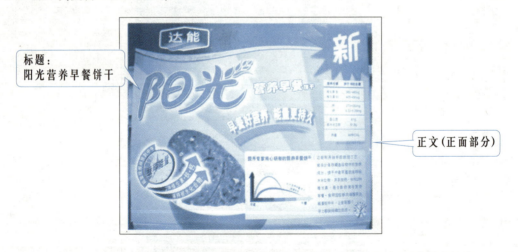

标题：
阳光营养早餐饼干

正文（正面部分）

案例简析：

　　这是一则复合式的商品说明书，也具有六个面的说明载体。本例撷取的是说明书正面部分，以图文形式呈现，核心信息突出，版式活泼，颇富吸引力。

　　值得注意的是，该说明书引入了商品广告的要素：标志性宣传语句(早餐好营养，能量更持久)。

---

　　*注：因该品牌注册商标为"白蘭氏"，故此处保留繁体字的用法。

示例四：(复合——文表式)

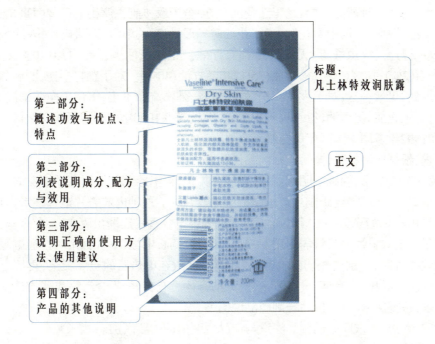

标题：
凡士林特效润肤露

第一部分：
概述功效与优点、特点

第二部分：
列表说明成分、配方与效用

正文

第三部分：
说明正确的使用方法、使用建议

第四部分：
产品的其他说明

案例简析：

　　这也是一则复合式的商品说明书。本例正文的前两部分侧重商品说明,具有较强的导购作用;后两部分则侧重介绍产品本身。使用方法具体,版式设计浑然一体。末尾有落款,有联系方式。格式十分规范。

　　复合式的商品说明书,或文表组合,或图文组合,既有概述的总体说明,又有条文、图文或文表的分项说明。其优点是常能把事物说得比较清楚、周全,不仅能给人一个良好的总体印象,还能让人便捷、有效地了解具体项目内容。

四、写作步骤

① 确定写作目的并选择相应的表述材料;
② 构思写作框架;
③ 依次反映写作材料;
④ 核对说明要点与禁忌事项;
⑤ 修改文书,整理并美化版面。

重点四：写作要领
内容客观真实;
突出商品特点;
语言通俗易懂;
措词准确简洁;
版面整洁美观

五、复习与训练

1. 本节思考与复习题
① 商品说明书的意义与特点是什么?
② 简述商品说明书客观性特点的意义与要求。
③ 概述商品说明书与产品说明书的联系与区别。

2．本节训练与活动方案

体验活动一：有一种药品叫"真龙正红花油"。原全国政协副主席杨成武曾为真龙正红花油题词："真龙红花油——药中奇花"。正红花油对风湿骨痛、关节酸痛、肌肉挫伤、四肢麻木、胸腹肚痛、火烫刀伤、蚊虫蜂毒、无名肿毒都有疗效。正红花油里含有白油(10%)、白樟油(10%)、桂叶油(2%)、桂醛(3%)、松节油(35%)和冬青油(40%)。对于跌打损伤、四肢酸痛，用此药油搽抹患处，见效神速；对于火烫刀伤、蚊虫蜂毒、外伤流血不止，可用干净药棉浸此油敷在患处，即可马上止血，更可消炎止痛，不起脓包。此药曾获1990年中国中医药文化博览会"神农杯"银奖和1992年首届中国医疗保健精品金奖。

活动要求：根据所给材料，撰写一则商品说明书。

提示：抓住核心信息，明确说明重点，注意层次关系，突出导购和使用指导的视觉效果。

体验活动二：××厂最近研制生产出金狮牌电蚊香片。这种电蚊香片适合在室内15平方米的范围内使用。每片药效8—10个小时。使用过程中电蚊香片逐渐由蓝变白，完全呈白色时药效就没有了。电蚊香片如果只需要用2—3个小时，应切断电源，下次再用时接通电源即可。更换新的电蚊香片时，一定要先切断电源，将红色一面放在电热器的金属板上，再接上电源。这种电蚊香片没有异味，没有烟，没有灰尘，对人的身体没有害处，不会污染食品、衣物。

活动要求：根据所给材料，撰写一则商品说明书。

提示：把握重点，不求面面俱到。注意与产品说明书的主要区别。

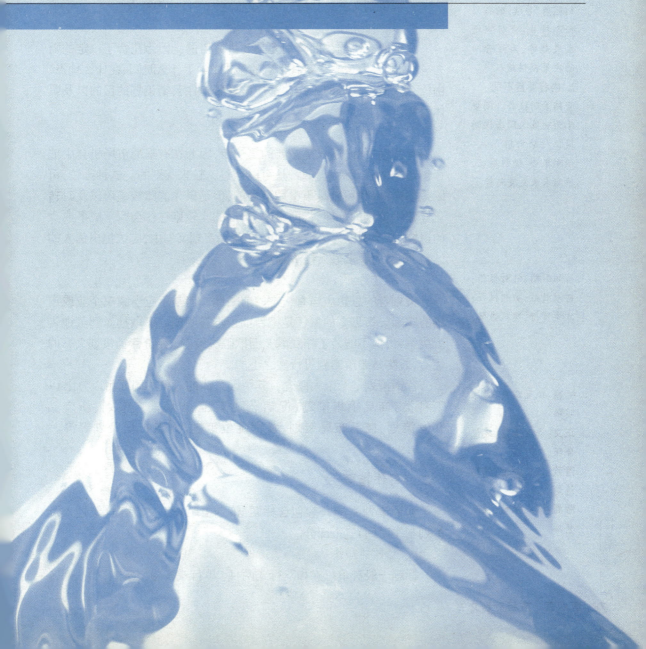

第四章　市场策划文书

第一节 营销策划文书

一、知识概述

重点一：营销策划报告与预测报告的区别

1. 用途不同

营销策划报告：分析市场情况，对市场营销起着"导演"的作用

预测报告：分析市场发展趋势，为经营活动决策提供建议

2. 内容要旨不同

营销策划报告：侧重于为决策人周密谋划提供行动构想

预测报告：说明现状，推测未来发展趋势

营销策划文书，是对企业经营活动事先作出策划的针对性很强的应用文书，其基本的作用是借助于书面材料向决策人提供自己对某一个营销问题的意见乃至创意，最终达到说服决策人接受自己意见、有计划和有效地开展营销活动、实现企业经济利益的目的。

营销策划文书具有目的性、效益性和可行性等特点。

1. 鲜明的目的性

凡事要有目的，而营销尤其要讲究目的，因为花费了一定的财力、物力和人力是一定要有相应的结果的。于什么时间、在什么地点、由什么人做什么样的工作，都应该紧紧扣住营销策划的目的以及具体目标。

2. 诱人的效益性

有营销目标，还只是必要的第一步，因为在有限的市场机会中能否创造条件获取最大利益，是可以通过比较来鉴别的。这种比较，可以是事先的，也可以是事中和事后的，但是事先的比较是可以及时转化作营销策划的一部分，而事中、事后的比较则往往会留下或多或少的遗憾，甚至引以为失败。所以，在营销策划文书中，应该提出诱人的效益，即努力寻求最大经济利益。

重点二：营销策划文书特点

目的鲜明，针对性强；讲求效益，功利性强；方案可行，实践性强

3. 潜在的可行性

策划者的思想应当有一定的前瞻性，但是不应当脱离企业或市场的实际。策划者的责任是把目前还不够明朗的事项抽丝剥茧地告诉决策者，但不能为了哗众取宠而欺骗决策者。评价营销策划文书的优劣，最终是要落实到可行性之上的。

营销策划是一个大概念，其中因具体的对象不同而可以分出以下种类：商品销售策划、促销活动策划、市场推广策划、新产品开发策划、商品布局策划、营销定位策划、网点布局策划等等。

重点三：格式要求

标题： 位置醒目，对象明确

正文： 条理清楚，建议合理

落款： 位置合适，信息清楚

版面： 格式正确，版面整洁

二、写作指要

营销策划文书一般包含标题（策划主题）、正文、落款（策划人及策划制作时间）三个部分。

1. 标题的写法

标题一般有单行式和双行式两种。单行式多为文章式，如："郊区

城镇连锁业发展的依据及思路"。双行式一般是在文章式标题之下用破折号带出××活动策划报告等，如："郊区城镇发展连锁业大有可为——郊区城镇连锁网点布局的依据及思路"。

2. 正文的写法

正文一般由以下内容构成：

① 策划目的、基本内容、策划的过程等简要说明；

② 策划内容的详细说明，如：依据分析、营销设想、实施步骤、时间、人员、费用、操作等计划表；

③ 策划的预期效果；

④ 对相关问题的必要思考；

⑤ 可供参考的策划文书、文献、案例等；

⑥ 可供备选的方案概要；

⑦ 实施方案的注意事项等。

3. 落款的写法

在策划报告的标题下方或结尾下一行的右面写上作者名称，同时写上策划报告的完成日期。

重点四：写作要领

为谁而写：必须注意材料的准确性和说服性、观点的可行性和可接受性

完整周到：要交代清楚营销活动的来龙去脉，充分陈述项目、活动的意义、作用及效果，应做到突出重点，忌面面俱到

要有创意：要充分注意决策人的思维习惯和接受能力，将与众不同的个性（创意）有效地传递给决策人

分清目的与目标之间的界限：目的是未来理想和价值观的努力对象，而目标是为了实现目的而设定的一些具体对象，所以为了实现目的，行文应设定一些具体目标

不厌其烦：策划者既要把文书写得通顺流畅，又要尽可能具体地让阅读者一目了然

三、实例示析

参考样式

郊区城镇连锁业发展的依据及思路

王沂遥

随着整个社会城市化的发展，随着我国城区商业发展的饱和及商业集团对近郊城镇的关注，城镇商业的重要性便提上了议事日程。那么，作为中国现代商业的先进业态——连锁业如何在城镇商业发展中作出自己的贡献，并寻求到自己的新的增长点呢？我们有必要回顾一下××市近郊城镇连锁业发展的轨迹，分析一下城镇发展的需求，从而正确定位，理清连锁业在城镇发展的思路。

一、近郊城镇近年来连锁商业的发展轨迹

第一阶段：20世纪90年代中期起，中小超市纷纷进入近郊城镇，丰富了城镇商业的业态结构，打破了以供销社为代表的传统百货商店一统天下的时代。

● 以××、××为代表的中小超市，20世纪90年代中期得到发展后，首先进入了城乡结合部中的城镇，如：××，1996年就在浦东××镇以特许加盟的形式发展了6家门店。

● ×××1999年实行郊区战略，全面进入郊县城镇，布点到每个乡镇。

第二阶段：各类专业连锁店在中心城镇开设，以满足不同层次顾客的消费需求。如："××黄金"在浦东××、××两个中心城镇开设专卖店获得成功，××一店在××开设专店经营也取得了良好的经营业绩。同样，一些通讯信息家电店和家用电器专卖店在郊区城镇开设专卖，都获得了成功。

第三阶段:20世纪90年代末起,大卖场逐步进入城乡结合部,城镇商业出现了新格局。由于城乡结合部地价低廉、停车方便,最适宜大卖场、大型商贩店在此处生存,故××、××、××、××等纷纷抢滩城镇,开设店铺,从××市目前四十多家卖场看,有近二十家落户到了城镇。大卖场的出现,既促进了城镇居民的消费革命,又带来了各类组合式的专卖店组群,给城镇商业增添了繁荣热闹。

二、城镇商业发展带来的新课题

1. 现代城镇功能的发展需要新的商业业态

郊区城镇位于城乡之间,为乡村之头首、城市之延伸,具有明显的边际增值效应。它应成为经济要素相对集中的地区,乡村人口转移的地区,具有一定经济文化辐射力的地区,社会生活由乡村型向城市型过渡的地区。因而,它必须具备以下四大功能:

(1) 经济开发集聚功能

……

(2) 人口的吸纳集中功能

……

(3) 信息的辐射传播功能

……

(4) 生活品质提升功能

……

通过对现代城镇功能的分析,我们可以清楚地看到城镇商业在城镇经济发展中的重要地位,也可以看到其对先进业态及综合性商业购物中心的需求。

2. 现代城镇楼盘建设的加快需要新的商业内容

随着近年来国民经济持续稳定的发展和房地产的回升,城镇楼盘如雨后春笋般地发展崛起。先是虹桥地区,近年又是浦东地区。××区××镇原是一个农村地区,但受机场经济发展影响,土地已开发殆尽。

楼盘开发形成新的城镇社区,社区建设要以人为本,必须筑巢引凤,开发商业,购物、休闲、餐饮、服务等功能,缺一不可。按新型社区大小不同,其商业功能的开发和商业内容的引进应有所侧重。

① 10—20万人以上的大型社区。如:××、××两城,应建设社区型购物中心,提供购物、休闲、餐饮、服务一体化的高品质商业服务。

② 5—10万人的中型社区,应建设与之相匹配的配套商业,包括购物、休闲、服务及餐饮设施。

③ 2—3万人的小型社区,应建设一般的配套商业,如:超市、小型服务社及小型餐饮设施。

3. 大卖场的加速发展需要众多商业配套

大卖场对近郊城镇的渗透及其自身的加速发展,带动了城镇居民的消费。城镇居民消费观念的变化使得他们开始不满足仅仅停留在"开门七件事"的超市、卖场商品消费上。特别是一部分收入较高的消费群、追求个性时尚的青年消费群,对市区百货商厦、购物中心的向往越来越强烈。据我们在浦东××镇的调查,居民对百货商厦、专卖店的需求十分强烈,这就提供给了我们一个发展多样化商业的思路。

① 大卖场已经集聚了人气,商业配套建设必须跟上。如:××区××镇,老街已无法集聚人气,而××路的××,平时即可集聚1至1.5万人,双休日更是能集聚3万人左右。商业中心应该建设在大卖场的周边,配置百货商厦、专卖店组群,形成一个中型规模的购物中心。

② 大卖场周边商业中心建设必须贯彻错位原则。一是业态错位,不要像过去超市一样,在××地区并排连开七家超市,而应和百货店、各类专卖店、餐饮休闲场所同步发展。二是商品错位,大卖场已有大路商品,要尽量错开,专卖店、百货店卖的应是个性化商品、中高档品牌商品。三是环境错位,百货店、专卖店营造的应是个性化、人性化的温馨空间。

三、城镇居民目前的市场需求

1. 对业态业种的需求

上面我们已经就大卖场开设后的商业配套建设进行了讨论,其实,目前城镇居民对卖场的需求还尚未满足,以××镇××××年7月的调查为例:

类 型	百分比(%)
小商品商店	19.33
文化用品商店	20.25
百货商店	23.77
信息家电商店	13.19
服饰专卖店	39.57
超市卖场	56.60

××镇对发展乡镇商贸服务业的需求调查

从上表我们不难看出目前城镇商业的市场空缺在于:

● 超市和卖场
● 设施良好的百货商店
● 各类专卖店(如:黄金首饰店、服装店、化妆品店等)
● 符合精神文化消费的个性商店(如:工艺品店、画廊等)

2. 对商品的需求

由于大卖场的开设,城镇居民日常生活用品、副食品已不依赖于市区商业,而转向本地消费。但其中突出的现象为:

① 百货类商品市场空缺较大,如:黄金首饰在××区各镇的调查中,消费的外流极大,都在90%左右;而在××区各镇的调查中,外流在60%—70%,原因是已有市区专卖连锁店进入,又如化妆品,消费的外流都在50%左右(见表1、表2,均略)。

② 品牌服饰及中高档服装鞋帽类商品空缺也较大,如:服装、中高档皮鞋,一般有50%左右外流市区购买,且主要是品牌服装和休闲服装,在××区及××区××镇的最新调查中,消费者的呼声都相当高(见表3,略)。

四、城镇商业的连锁发展思路

1. 大卖场的布点发展思路

由于卖场的商品品种齐全、价格低廉,它们成了城镇居民心目中的首选购物场所,在各类零售商业业态中具有极强的竞争力。因此,它们还有发展空间。如:浦东的卖场,××、××、××等都集结在浦东西部,而东部人口密集的中心城镇(如:××、××镇),都未有建立。随着外资商业的全面介入,卖场的竞争更加激烈。因此,大卖场的发展思路是:应合理布局,既可促进近郊地区商业的发展和人民生活质量的提高,又可加快实现卖场企业的发展战略。

2. 中小连锁业的组团发展思路

专业店、专卖店单家的布点开设已不利于目前城镇商业的合理规划和发展,必须走组团发展的道路。原因之一是因为近年来城镇发展都进行了中远期的规划,朝布局合理、功能齐全、设施完备的方向发展。原因之二是因为周边城镇商业发展都在学习发达国家,开设组团式购物中心或商业街区。搞商业,要求大型商业集团整体租赁或合作经营。专业店、专卖店组团式发展思路适合目前××市郊区城镇商业的发展,可采取的方式有:

● ××、××等商业集团集各大业态,携各品牌专卖开设购物中心。××、××等商业集团以其××机场店、××阿拉上海街模式开设××、××。

● 名店名品一条街。

……

××××年×月×日

案例简析:

本案例是一则营销网点布局策划文书,对城镇连锁企业发展的现状和思路作出了较为周密的剖析,提出了积极的设想。文中既阐述了较为宏观的城镇连锁企业总体布局的问题,也结合具体企业、具体环境区域阐述了较为微观的个体企业的布局及特色等问题。为了使自己的分析具体翔实而令人信服,作者还使用了一定的数据表格和图文(注:插图和部分数据表格不在本书中引述)。标题、正文与落款完整;正文中依据具体可信,分析问题详略有致,具有一定的实际操作价值。

四、写作步骤

重点五:写作能力要求
掌握一定的经济理论常识;
具备一定的营销专业知识;
了解一定的市场网点信息;
有较熟练的语文表达能力

① 建立文书的框架体系;
② 整理并反映所收集的资料;
③ 提炼必要的观点或设想;
④ 合理使用数据图表;
⑤ 修改文书,设计清晰而美观的版面。

五、复习与训练

1. 本节思考与复习题

① 什么是营销策划文书? 它有什么特点?

商务应用文写作

② 简述创意在营销策划文书中的意义与作用。

③ 营销策划文书的正文一般应包括哪些内容？其中哪些是主要的和不可或缺的？

④ 撰写营销策划文书应遵循怎样的写作步骤？

2．本节训练与活动方案

体验活动一：为了方便同学购买日用品和快餐食品，××学校学生会在征得学校总务科同意后，决定与华联超市挂钩在校内开办一个连锁便利店。为了使便利店能既方便同学生活，提供一定程度的价格优惠，又不至于造成亏损，学生会要事先制订一份关于开设便利店的营销策划报告。

活动要求：按3—5人分为一组，根据所给材料及要求进行市场调研，在明确市场需求和营销思想策略的情况下，撰写一则营销策划报告。

体验活动二：当前，餐饮业比较红火，但是有人也形象地说：每天有几十家饭店关门，每天又有几十家饭店开张。这说明餐饮业的红火之下也隐藏着危机。请到你家附近的一家中型或大型的饭店(酒店)作些调研，由此形成一份该店营销策略上的策划报告。

活动要求：根据所给材料提示，组织实地调研，并结合所学专业知识，撰写这则营销策划报告。

提示：注意把相关饭店的经营情况作适当的横向利弊比较，在此基础上把握写作重点，提出自己的观点和营销活动的设想。

第二节 广告策划文书

一、知识概述

广告策划文书，是为对企业的经营活动较为周密地进行宣传推广工作而作出策划的计划性很强的应用文书。广告是一项专业性很强、媒体特征明显以及费用相当可观的一种宣传形式。广告策划文书不是对某一具体对象做广告，而是对广告活动的整体规划，为决策者提出专业意见和创意，因此其内容的根本意义在于通过对广告活动的一系列策划工作，准确地把握时机，独特地展现视角，及时地提出建议，有效地适应公众诉求，从而开拓市场、促进销售、追求企业最大的经济利益。

广告策划文书具有独创性、经济性和战略性等特点。

1．独创性

广告文书的生命在于原创性，为此广告策划文书也应该具有独创性，否则人云亦云、拾人牙慧，这样的广告宣传活动从一开始就会陷入困境，说服力不会强，决策者不会用，费时费力也不会有好的效果。

> **重点一：广告策划文书与广告文案的区别**
>
> **广告策划文书：**侧重于提供制作广告的有效思路，即使出现一些重点的广告语段，诸如广告口号、涉及广告主题的正文主要片段等，那也是策划文书的一个组成部分，是为了帮助说明广告制作的思路
>
> **广告文案：**侧重于对某商品（产品）的生动和富有鼓动性的宣传推荐，旨在引导消费者树立具有时代特征的消费观念乃至产生消费行为

独创性:形式新颖,出奇制胜

经济性:恰到好处,追求效果

战略性:战略构思,理念完整

重点三:广告策划文书种类

按内容性质划分:(例)

广告总体策划书　　广告主题策划书

广告事业计划书　　广告项目书

广告费用预算书

按时限及其他划分:(例)

年度广告计划书　　专题广告策划书

重点四:写作要领

量力而行:首先应考虑自身特点和企业的财力,从实际出发,把创意落到实处。应提出若干可供选择的方案,对决策者而言,既可推敲其准确性、可行性,也有助于在量力而行方面有更多的选择

重点明确:目标与主题要写得越清楚、越具体、越理想越好。这不仅有助于决策者下决心,也将有助于后期工作者有条不紊和少走弯路

数据具体:策划工作是政策导向性很强的工作,如果有所失误,后果可能不堪设想。所以对涉及的市场信息要尽可能地用数字说话;对费用预算也应既留有余地,又不随意毛估粗算

精益求精:好的广告来自好的广告策划文案。市场调查要仔细,分析研究要认真,下判断要谨慎,用作比较的选样要有代表性。而且,在行文过程中应该不断倾听决策者及周围人们的意见,不断推敲修改

2. 经济性

广告是花费较为昂贵的一项工作。经济性特点指的不是刻意要求节约,而是尽量做到恰到好处,不奢侈浪费。要根据宣传对象的实际需要和财力、物力的实际可能性制订广告活动的规模,把钱花在点子上,花在刀口上。

3. 战略性

广告策划不是制订具体对象的广告文案,因此策划者应当具有一定的战略眼光,不仅要考虑到当前和以后一段时间的客观状况,还应该考虑企业的创业、发展或者是遭遇到问题、竞争等种种情况,应该根据企业的发展规划作出一个相当一段时间内的战略构想,从而构思策划较为完整的广告理念、思想,乃至系列广告主题。如此,就不会在突发事件面前束手无策,就不会使不同阶段的广告主题散乱,甚至于自相矛盾了。

二、写作指要

广告企划书一般包括标题(策划文书名称)、正文和落款三个部分。

1. 标题的写法

标题一般由广告类别名称加文种(策划书/方案)构成,如:"德恩耐(Day and Night 漱口水)广告企划方案"。

2. 正文的写法

正文一般由以下内容构成:

① 概述(背景、目的、意义等);

② 市场信息(企划的材料依据,尤其是同类商品或产品的比较等);

③ 本商品或产品的优势与不足;

④ 对广告对象的具体分析(如:年龄特征、心理诉求等);

⑤ 广告主题定位及方案举要;

⑥ 使用媒体的具体设想与比较;

⑦ 费用预算;

⑧ 广告市场预测。

3. 落款的写法

一般在正文的左上方写明作者和策划报告的完成日期。

三、实例示析

德恩耐(Day and Night 漱口水)广告企划方案

名称:德恩耐(Day and Night漱口水)行销与广告企划方案

企划单位:××广告公司

策划人:陈××

撰稿人:陈××

完成日期:××××年6月1日

一、前言

　　人们的生活水准随着经济的发展与社会形态的转型而大幅提高,享受品的消费需求也正日渐加大。漱口水的市场在"李施德林"经年来的开发下,这两年内已点燃了市场成长的火种。"速可净"以其清淡的口味,在短短半年内成功地侵入口味辛辣的"李施德林"占有的市场,并接收了被唤起漱口水产品消费欲又排斥"李施德林"的全部市场。可见,市场对漱口水的需求是很强烈的,而且成长率将以高速的形态扩张。

　　虽然治疗型的漱口水是未来市场的主流,但在饱和期来临前,享受型的漱口水在目前依然最容易被接受。因此,在强大的药用漱口水"李施德林"与保健用漱口水之新贵"速可净"之间,"德恩耐"漱口水要如何才能进入漱口水市场并占有一席之地呢?

　　(一) 本建议主旨

　　1. 树立正确漱口水的观念:①漱口水要有效果但不伤害口腔。②太浓太淡都不是漱口专用的漱口水。③漱口是一种生活上的享受;辣口是吃苦,但没味道就没有漱口的享受。

　　2. 在漱口水成熟期未到之前先打击老牌"李施德林"的地位,再抑制新贵"速可净"的发展,以建立第一品牌的地位。

　　3. 达成今年年度营业指标125000瓶。

　　(二) 本建议书建议实施期

　　××××年7月—××××年2月

　　(三) 本建议书广告预算

　　以NT$6000000为范围。

　　二、市场消息

　　(一) 市场性

　　1. 据统计,大约有56%—70%人有口臭,如果包括睡觉后醒来产生的口臭,几乎没有人例外。

　　2. 根据中医观点,节气变化容易上火,会形成口苦、口臭、舌苔、口腔糜烂、牙龈发炎等口腔疾病。

　　3. 幼童嗜吃糖果,引起大量的蛀牙。

　　4. "李施德林"之高幅度成长,目标市场(30—50岁高阶层男性)普及率达5%。

　　因此,漱口水的市场演进已发展到可开发的阶段,同时预计市场的起飞期(普及率20%)将迅速来临。

（二）商业机会

1. ××××年度百业萧条,消费规模受挫甚巨。

2. ××××年度2月表面尚有少许复苏的假象,唯4月加值营业过程实施必定会使景气的恢复受到暂时性的抑制。较乐观的期望是××××年下半年能转好就不错了。

3. ××××年药业成长下跌。药房营业负成长达三成以上;药商十有九家赤字连连。

4. ××××年广告量成长仅2.59%,远低于国民生产总值4.73%,其中药业在电视广告费负成长6.1%,在报纸广告费负成长65.71%,在杂志广告费负成长34.29%,而在电台广告有更大幅的负成长。

因此,虽然1、2月药业有好转的现象,但在不甚稳定的时候新上市,应采取较保守的市场经营政策,才能成功登陆。

（三）市场成长

1. "李施德林"的良好业绩,可说明"德恩耐"导入市场的安全性。

2. "速可净"于××××年9月问市以来受到普遍性的接受,说明了"李施德林"的缺陷及漱口水市场规模一日千里。

3. 漱口水属家庭所有成员适用品,日后普及的市场量庞大,市场规模可观。

4. 生活水准的提升、中上阶层迅速增多亦显示了市场将来的成长性。

（四）消费者接受性

1. 消费者目前接受的是味道强烈的漱口水。

2. 强烈的味道连大男人都受不了,何况妇孺。

3. 导入期如以妇孺为目标群,必定事倍功半。

因此"德恩耐"之口味应加重一点,至少有Scope之水准,使舌头有麻感(消毒味),才不会让消费者产生药力不足的错觉。"德恩耐"仍应以药品姿态之定位才能摒除消费者接受的障碍。

三、商品分析

（一）用途

1. 30岁以上之男性:消除口臭(口腔清洁舒适感、事业交往之印象)。

2. 18—30岁之男女性:消除口臭(谈恋爱)。

3. 4—10岁之儿童:防蛀牙。

4. 综合用途:清洁口腔、牙齿保健,缓解口腔问题,如:舌苔、口苦、喉痛、牙龈发炎、口腔糜烂等。

（二）命名

1. 定洋化之名字,以提高商品格调。

2. 英文名:Day and Night。中文名:德恩耐漱口水。

（三）包装

采用有欧洲风味之设计。

（四）颜色

选择大自然色——"绿"(树叶色)。

（五）口味

以现有样品而言：①甜度不足感；②药力不足感；③舌头没有麻感；④凉爽度不足；⑤持久度不够。

（六）容量

与"李施德林"相仿——350C.C.。

（七）价格

1. 零售定价150元；

2. 零售进价120元(8折)；

3. 中盘进价105元(7折)；

4. 厂价27元(400%)；

5. 预估利润：

项　　目	开　发　期	成　长　期
货　　本	25%	25%
广　告　费	45%	30%
利　　息	8%	8%
费　　用	12%	13.5%
纯　　利	10%	23.5%

四、市场研究

（一）设定对象

1. 0—3岁：虽然容易蛀牙，但不会漱口，本年龄层予以排除。

2. 4—10岁：此年龄层处于乳牙转换恒牙之际，又是吃糖最多的年龄，蛀牙特别多，乃重要对象之一。

3. 11—17岁：此年龄层忙于升学考试，又牙齿已长成，乃不易推广的层次。

4. 18—30岁未婚男女：恋爱年岁对口齿之清香较注重，呵气如兰尤以女性较讲究，但其开销在衣着玩乐，购买力减低，乃次要对象。

5. 已婚女性：虽有许多爱清洁之妇女，但本年龄层之消费欲不强，乃次要对象。

6. 30—50岁已婚男性：①吸烟量大；②生活秩序不正常；③口臭严重；④生意往来注重外貌印象；⑤购买力强。因此本层为导入期之最大消费群。

7. 50岁以上：除了特殊身份(高级主管)外，其需要性大为减低了，因此本年龄层亦不予计入。

（二）市场预估

1. 导入期市场量：以30—50岁男性为目标群，其中20%的中上层为主要目标群。

248万人×20%≈50万人

2. 成长期市场量：加上4—10岁儿童为目标群。

280万人×20%=56万人，56万人+50万人=106万人

3. 饱和期：再加上18—30岁未婚男女及已婚女性。

(505万人+250万人)×20%=151万人，151万人+106万人=257万人

（三）销售量预估

导入期以5%作基数，第二期实销以50%作回收，即：

500000瓶×5%=25000瓶（7月）

25000瓶×50%×8个月=100000瓶（8、9、10、11、12、1、2、3月）

年度以25000瓶+100000瓶=125000瓶为目标量。

（四）竞争环境

1．厂牌：

a．"李施德林"在西药房已有深厚的基础，味道强烈，毁誉参半，乃最大竞争对象。

b．"速可净"于××××年9月上市，口味淡，占据不爱辛辣味道的市场。

2．广告力量：

a．"速可净"纯以印刷媒体发布广告。

9月杂志56000份

11月报纸77350份；杂志52000份

12月报纸232050份；杂志45000份

但××××年已展开大量的电视广告投资。

b．"李施德林"完全投入电视广告。

3．竞争分析：

a．"李施德林"系先导品牌，自有其稳固的地位。

b．本品仍处开发阶段（普及率仅目标群体之5%）。

c．"德恩耐"如高水准地出现在开发期中很容易取得领导之地位（如：沙威隆与巴斯克林）。

4．竞争品广告CF（广告影片）之表现：

片　长	李施德林	速可净
20秒	与人亲近的时候，别让口臭成为你们的距离； "李施德林"漱口药水能除口臭，杀死细菌，确保口气清新； "李施德林"漱口药水消除口臭，确保口气清新——Listerine	年轻情侣约会跳舞拥抱篇
30秒	有口臭的人自己多半都不知道，别人也不好意思说； "李施德林"能保持口气清新； 刷牙只能清洁口腔的一部分，用"李施德林"漱口水，更能深入口腔，消除细菌，药效持久； 使你与人相处，口气清新，充满信心； 保持口腔卫生，早晚两次，"李施德林"漱口药水	这是新产品， 速， 这是新产品， 速可， 先漱一口再说嘛！！ 嗯！谈吐要讲究，口气要清新， 这是"速可净"漱口水， 含一分钟可保持长时间的口气清新， 这是新产品"速可净"漱口水， 嘿！口气清新多了！ 这才像话！ "速可净"漱口水Scodyl

（五）销售季节

1. 以中医论：冬天火气较大，患口臭多，夏天多喝水，火气较小，口臭少。

2. 以活动量论：夏季男士商务交际活动量大，漱口需求较多。

因此淡旺季不明显，可以说一年四季都是旺季，但冬天应该比夏天需求稍大一点。

（六）销售地域

1. 高消费水准的地区为主力，应深耕经营。

2. 市场人士众多之都会，××、××、××、××、××之比例应加重。

因此，除大型药房（指定店）外，高级区之铺货店数应较密。

五、营销通路

（一）导入期之通路

……

（二）成长期之通路

……

六、消费者研究

（一）动机

1. 消除口臭，清洁口腔。

2. 表现男士高雅风度与谈吐。

3. 吸引异性，有魅力。

（二）性格

1. 炫耀心：地位、财富、名誉、爱情等方面，都希望优越、高人一等。

2. 广告免疫性高：不关心、短期间难以打动。

3. 生活秩序较乱：时间不太够用，交际多，生活起居不定，甚至吃药、漱口也不会定时定次。

4. 疼爱自己的小孩。

（三）习惯

1. 戒烟、戒酒、戒槟榔是很不乐意的。

2. 饮食后立即漱口之习惯很少。

3. 忙碌，睡眠不足。

（四）使用频率

1. 有约会或发觉自己有口臭时才使用。

2. 口臭大部分是自己感觉不出来的，因此往往需提醒。

（五）购买决定

1. 第一次购买必定是使用者本人。

2. 影响购买者：①牙医；②药房老板；③广告。

（六）购买因素

1. 必要因素：①除臭味功能；②香味；③清凉度；④清洁力；⑤舒适性；⑥品牌高级感；⑦有刺激性……

2. 不必要因素：①价格；②杀菌力；③无刺激性……

七、行销上之不利点与有利点

(一) 不利点

……

(二) 有利点

……

八、广告建议

(一) 广告概念

1. 漱口水在"李施德林"的开发下日渐成长。

2. 辛辣的口味使消费者不得不忍受痛苦,勉强使用。

3. 淡味的"速可净"填补了"李施德林"的缺点,证明有效又不太刺激的漱口水是受欢迎的。

4. "李施德林"以药剂之姿态在努力教育消费者。

5. "速可净"以卫生用品之定位在扩张市场占有率。

6. 因此漱口水的市场位置,只有"有药品的效果,没有药品的痛苦"之定位,才能够在竞争中掌握胜算。

7. 消除口臭乃漱口水之主要使用动机。

8. 促成消费者使用漱口水的因素为自我满足、获得爱情及亲情温暖。

9. 因此从消费者之基本欲望切入产品功效与特点最易引起共鸣。

10. "德恩耐"之处方已被肯定具有疗效。

11. "德恩耐"之口味远比竞争品优良,更会被使用者喜爱。

12. "德恩耐"之产品外观亦优于竞争者。

13. "李施德林"仍占据绝大部分市场,有雄厚的广告力量。

14. "速可净"低价优势在于干扰新品牌的介入。因此,"德恩耐"如何才能突破困境,一战成功呢?

(二) 设定战略

1. 为造成高的广告注目率(attention),使用具杀伤力的否定攻击法。

2. 为诱发消费者需求,采用感性诉求法。

3. 为提高差异性,采用疗效肯定法。

4. 为增进广告记忆(memory),使用Day and Night之音效与字体来突出表现。

5. 为加速采取购买行动(action),使用利益及药房催促法。

(三) 广告主题

序　号	主　题
1	从白天到晚上, 爸爸的口臭不见了
2	亲切愉快的30秒, 满口新鲜的一整天

序　号	主　题
3	富有吸引力的口气令人销魂(陶醉)30秒， 口气新鲜一整天， 消除口臭，预防口腔疾病， 不会太辣，不会伤害口腔， 不会太淡，效果没问题， 消除你的口臭， 请劳驾去药房试一试"德恩耐"

（四）TV—CF大意

亲　情　篇	情　爱　篇
父：来，小宝，爸爸亲亲。 子：爸爸嘴巴臭臭，先漱漱口嘛！ 父：哎哟！这么辣！ 母：那么试试这种。 父：嗯！太淡了，有效吗？ 旁白：新上市， 不伤口腔又有效， "德恩耐"漱口水， 不太浓，不太淡， 味道恰恰好，效果没问题， 消除口臭，预防蛀牙、口腔疾病， 从白天到晚上。 子：爸爸的口臭不见了！ 旁白："德恩耐"漱口水 Day and Night	富有吸引力的男人， 应该富有吸引力的口气， 吸烟、应酬火气大，容易口臭， 消除口臭，预防口腔疾病， "德恩耐"漱口水， 不会太辣，不伤口腔， 不会太淡，效果没问题， 令人销魂的30秒， 满口新鲜一整天， 从白天到晚上， 富有吸引力的男人， 富有吸引力的口气， "德恩耐"漱口水 Day and Night

（五）媒体预算
• 进度表(略)
• 媒体预算比例

　T.V.3800000

　N.P.报纸1780000

　印刷170000

　CF250000

　总计6000000

　各销售季比例(略)

案例简析：

　　这是一则旨在开拓"德恩耐"漱口水营销市场的广告策划文案。除了对市场信息作出较为全面而有针对性的反映外，值得关注的是该文书阐述了广告制作的主旨、涵盖的诉求对象及其重点对象、广告制作的切入口、产品宣传的角度(包括商品的命名)、同类产品在市场上广告制作的特点、宣传本产品的策略及其依据、广告制作的形式(包括媒体利用)及其费用预算,还有可供选择的广告主题与文案若干。总体框架较为全面,借鉴性较强。

四、写作步骤

① 建立文书的框架体系;

② 整理并反映所收集的资料;

③ 提炼必要的观点及思路;

④ 设计清晰而美观的版面(包括巧妙使用数据图表);

⑤ 注明完稿时间或修正定案的时间。

五、复习与训练

1. 本节思考与复习题

① 什么是广告策划文书?它有什么特点?

② 简述战略性特点在广告策划文书中的意义。

③ 广告策划文书的正文一般应包括哪些内容?其中哪些是重要的和不可或缺的?

④ 广告策划文书与一般宣传类的广告文书有什么联系与区别?

2. 本节训练与活动方案

体验活动:当前市场上的MP3播放器名目众多,请选择一款你喜欢的,在作好一定市场调研的基础上,就其广告宣传策略写一份策划文书。(请事先仔细揣摩例文的结构框架,体会其主要内容和文案意义。)

活动要求:按3—5人分为一组,根据所给材料及要求进行市场调研;适当比照相关品牌,其中应包含若干可供选择的广告主题和至少一则20秒电视广告创意剧本(台词)。

第三节　公共关系策划文书

一、知识概述

公共关系策划文书,是对某一时期内企业开展公共关系活动作出计划与安排的应用文书。其旨在宣传企业形象,沟通各界关系,使社会公众对企业产生一致的认同感和价值观,从而使企业更好地获取经济效益与社会效益。公共关系策划文书是企业公共关系总体战略的一部分,是实施企业形象塑造的重要工具。

公共关系策划,可以根据涉及时间的长短而分为长期公关策划和短期公关策划;还可以根据内容涉及面的宽窄而分为专项公关活动策划和综合性公关活动策划。

公共关系策划主要有严肃性、针对性与合理性等特点。

1. 策划态度的严肃性

公共关系策划是一项非常严肃和严谨的工作。在一般人看来,其形式很热闹,但是实际上,这是一项非常艰辛的劳动,它既要求策划者在构思谋划时就考虑周密、创见新颖,又要求策划者在撰文时字斟句酌、规划合理,并在完成策划文书后的具体活动过程中不断地评估和修正方案。

2．具有强烈的针对性

公共关系策划,首要的工作是根据已经确定的目的来确定实际的目标群。公共关系活动是人们普遍参与的活动,其工作对象包括消费大众、社区人员、企业员工、商家厂家以及传播媒体等。离开了这些对象,公共关系活动就失去了生命之源,也就不能从根本上解决企业经营活动中必然涉及的组织与公众的双向活动中存在的种种问题与矛盾。目标群的确定,是根据公共关系调查的结果来选定的。

3．媒体使用的合理性

媒体是公共关系活动的舞台,是宣传企业形象的重要窗口,脱离媒体或者媒体面较窄都会导致活动的逊色,乃至失败。在实际操作中,只有广泛、合理地利用媒体的传播手段,才能锦上添花,事半功倍;对媒体运用不当,就会得不偿失,甚至适得其反。

二、写作指要

公共关系策划书一般包括标题(策划文书名称)、正文和落款三个部分。

1．标题的写法

标题一般由项目名称加文种（策划书/方案）构成,如:"××公司与××社区精神文明共建策划方案"。

2．正文的写法

正文一般由以下内容构成:
① 背景概述;
② 公关目标和所针对的目标群;
③ 沟通的媒介;
④ 公关活动的方式、步骤;
⑤ 公关活动的预算;
⑥ 公共关系的成效评估。

3．落款的写法

一般在正文的左上方写明作者和策划报告的完成日期。

重点一：公共关系策划文书与广告策划文书的区别

公共关系策划文书:侧重于对政府、企事业单位之间,政府、企事业单位与个人之间关系的协调与沟通,使社会公众对企业产生一致的认同感和价值观
广告策划文书:侧重于对具体商品(产品)或商品化事物的宣传构想,旨在更有效地引导消费者形成消费观念乃至产生消费行为

重点二：公关策划文书特点

态度认真,严肃谨慎;
调研充分,针对明确;
媒体恰当,构想合理

重点三：公关策划核心内容

实施目的　方法步骤
目标群体　效果预测
传播媒体　经费预算

有时候,广告策划也会是公关策划的一部分

重点四：写作要领

依据客观准确:在概述部分要尽可能列举准确的客观材料,要围绕企业发展的中心任务,重视横向和纵向的比较,由"智囊团"的角度力求为决策者提供有价值的策划方案
分清主次目标群:公共关系的目标群是多样化的,策划人员要依据选定的目标群的重要程度,有层次地依次展开,既要突出重点,又不能忽视整体的方方面面
突出公关理念:公共关系内求团结,外求发展。策划文书应能刻意宣传企业文化、企业精神。借助公关活动,既能对外宣传乃至树立企业形象,又能对内教育和增强凝聚力、鼓舞信心
活动安排张弛有度:公关活动一般都是系列和交错进行的,要注意主要来宾和主要媒体能予以兼顾,同时企业活动也能呈现出丰富多彩、交相辉映的景象

商务应用文写作

三、实例示析

参考样式

公关策划方案撰写要点(示例)

一、确立目的和目标群

(一) 目的

1. 树立××企业形象。

2. 宣传××(商品、品牌等)特点。

3. 密切与消费者关系。

(二) 公共关系的目标

1. 公共关系策划的第一部分就是确定实际工作的目标。

2. 公共关系的目标须根据公共关系调查的结果来确定。

3. 公共关系调查的内容包括:①公司组织、公司总目标、发展方向、人员素质、目前重大工作;②了解公司在消费大众心目中的形象;③了解竞争对手公共关系之情况。

(三) 公共关系的目标群

1. 设定公共关系的目标之后,就得根据目标选定目标群。

2. 公共关系的目标群包括:消费大众、社区大众、公司员工、经销商、供应商、传播媒体等。

3. 依据选定目标群的重要程度,划分目标群的先后,如:主要影响者、次要影响者、再次要影响者等。

①安排他们参观工厂,使他们了解生产之程序、产能、品质、员工素质等等,使他们对企业能够产生信心;②与经销商合作处理客户投诉问题;③举办经销商训练活动,以增加他们的产品知识与推销技巧;④让经销商对公司的行销与广告活动有一定程度的了解,以便相互配合,拓展市场;⑤制订奖励办法,鼓励优良经销商长期合作。

4. 与传播媒体的接触原则

①争取传播媒体了解与支持之主要目的,在于借助他们的报道取得社会大众对企业的了解与支持;②公关人员对新闻的时效性、接近性、特殊性、重要性、趣味性等基本要素,都必须深入研究;③传播媒体最怕被企业利用,为企业宣传,所以公关人员不但要知道各媒体的特色与风格,而且对他们需要的"新闻"必须有深入的了解;④媒体记者的工作是采访并挖掘新闻,公关人员须及时提供他们所要的新闻或新闻线索;⑤与媒体记者建立友谊的秘诀就是"真诚"。

二、预算与评估

(一) 公共关系的预算

1. 针对公共关系的活动方式编列预算表。

2. 根据公共关系的目标适时控制预算与进度。

(二) 公共关系的成效评估

1. 核对公共关系的目标与成果,写出评估报告。

2. 评估报告详细说明本公关策划案的成功与失败之处,并检讨失败的原因,以作日后之参考。

案例简析：

这是公共关系策划书的一种写法(思路)，根据目的和目标群的差异，策划的思想重点不同，写法也会有所不同。上例的结构框架仅提示了公关策划文案最一般的写法规范，写作者可以酌情举一反三。

四、写作步骤

① 根据目的调研目标群状况；
② 建立文书的框架体系；
③ 整理并反映所收集的资料；
④ 提炼必要的观点及思路；
⑤ 推敲评估方案的合理性和可行性；
⑥ 设计清晰而美观的版面。

> **重点五：注意事项**
> 调研细致客观；
> 材料实事求是；
> 预算合情合理；
> 表述清晰肯定

五、复习与训练

1. 本节思考与复习题

① 什么是公共关系策划文书？它有什么特点？
② 简述策划态度的严肃性特点在公共关系策划中的意义。
③ 公关策划文书的正文一般应包括哪些内容？其中哪些应是着重予以表现的？
④ 公关活动的基本理念是什么？应当怎样在策划文书中予以表现？

2. 本节训练与活动方案

体验活动：市场营销专业××班在一段时期里因为经常被值周班查到有同学迟到和教室不卫生、不整洁等情况，常被学校作为典型的反面例子批评教育。新任班主任到岗后决定改变这种情况，在广大同学的理解和支持下，决定开展系列公关活动营造舆论，争取外部支持和自我加压。请为该班撰写一份公关策划书。

活动要求：按3—5人分为一组，根据所给材料及要求进行调查研究，弄清问题所在和改变面貌的突破口，选择合理的宣传手段，经费要符合学生的实际，活动方案应具体可行。

第四节　专题活动策划文书

一、知识概述

专题活动策划文书，是某一时期内企业为实现一定目标而开展特定宣传活动所作出策划与安排的应用文书。其主题有庆典、会展、礼仪接待、外出活动等。其主要意义在于沟通各界关系，活动安全有效，人员团结有序，从而更好地为企业获取经济效益与社会效益。

企业的发展都是有阶段性的，例如，一般有初创、发展、巩固、品牌保持、转型或再创业等阶段，因此专题活动策划要根据企业发展阶段的特点和需要，有计划、有针对性、有主题地进行。

专题活动策划文书具有明确性、周密性和灵活性等特点。

1．主题的明确性

专题活动必有一个明确的主题，整个方案都要围绕这个主题来构想、制订。活动的内容当然是丰富多彩的，但是任何内容的安排都不能喧宾夺主，应保证活动利益、效果最大化。

2．程序的周密性

专题活动短则一天、数天，长则一周、数月，内容随之也会增多。即使短至一个晚会，也会有很多节目。因此整个程序的设定一定要周密有序，尤其是一些可能出现的细节问题，也应尽可能事先考虑到，以防不虞。

3．内容的灵活性

活动本身是一个充满变数的事物，其参与者（尤其是嘉宾或主角）临时有事，场地设施临时出故障等，这些都会引发活动内容的调整；即使是在实际操作中，有时也需要策划者主动根据新的形势去调整活动方案。因此，主题活动策划方案应留有一定余地。

重点一：专题活动策划文书与企业发展整体策划文书的不同

● 专题活动策划文书可以是整体策划文书的一部分，如：公共关系策划、企业发展战略策划等

● 专题活动策划文书用于具体的主题往往冠之以具体主题的名称，如：营销策划、调研策划、企业管理策划等

重点二：专题活动策划文书特点

主题明确，重点突出；程序周密，环环相扣；内容灵活，留有余地

重点三：写作要领

充分调研，征求意见；方案具体，写好细节；安排合理，兼顾主客；主题突出，形式丰富；适应变化，留有备案

二、写作指要

主题活动策划书一般包含标题、正文、落款三个部分。

1．标题的写法

标题一般由单位名称、事项和文种构成，如："××公司开业20周年庆典策划书"。

2．正文的写法

正文一般由以下内容构成：

① 策划目的、基本内容、策划的过程等简要说明；

② 具体方案的构想，包括活动事项、时间地点、人物安排、经费开支和要求等；

③ 注意事项和应急方案等。

3．落款的写法

在策划报告的标题下方或结尾下一行的右面写上作者名称，同时写上策划报告的完成日期。

三、实例示析

参考样式

30周年厂庆活动策划方案

2011年6月28日是××厂建厂30周年的日子，经厂庆筹委会第一次会议讨论决定，以"再攀高峰"为主题开展系列活动：

一、编印纪念画册(宣传资料)

由公关部负责，部长季××为主编。今年10月底前交提纲，11月底前交初稿，由汪××厂长审定后，12月底前付印。预算经费45000元。

二、以科室、车间为单位开展"迎厂庆、抓质量"生产竞赛活动

明年4月15日评定优胜单位及个人。奖金预算20000元。项目负责人:副厂长田××(竞赛计划于本月15日前报筹委会)。

三、举行"再攀高峰"主题演讲比赛

时间:×月×日晚上7:30—9:30

地点:礼堂

出席对象:全体职工

各科室、车间以部门为单位,推举演讲者参加比赛。经评委(另组)评选出优胜奖6名、集体风格奖2名。

经费预算2000元。项目负责人:工会主席张××(比赛计划及实施细则于×月×日前报筹委会)。

四、厂庆日活动

1. 庆祝大会

时间:2011年6月28日9:30—11:00

地点:礼堂

出席对象:全体职工;上级领导及来宾约25人

用餐:庆祝大会后招待午餐

筹备负责人:副厂长臧××(于2011年4月30日前将邀请名单和庆祝大会程序报筹委会)

经费预算:8000元(含会场布置和午餐费)

2. 新闻发布及产品推广会

时间:2011年6月27日14:00

地点:本厂展销部

经费预算:10000元(以计划来宾××人计,含礼品和晚餐)

项目负责人:总经理郑××(将邀请名单于4月30日前报筹委会)

3. 联欢晚会

时间:2011年6月28日晚上7:00—10:00

内容:文艺节目表演、游园活动、放电影(文艺节目由工会文体部组织)

经费预算:5000元

项目负责人:工会文体部长肖××(于5月30日前将节目单及电影片名等报筹委会)

以上经费总预算为10万元。经费筹措负责人为财务部长钱××(于×月×日前将经费筹措情况报筹委会)。

××厂厂庆筹委会

主任:单××

2010年9月25日

案例简析:

本案例是一则厂庆专题活动策划文书。主题是庆典,形式是系列活动,设计有两个竞赛活动作铺垫,一是生产竞赛,二是演讲比赛。围绕主题,前一竞赛是就厂的发展而言,产品质

量是最好的庆祝礼物;后一竞赛是就内部凝聚力、企业文化而言,塑造企业精神,明确奋斗目标。因此活动虽多,但都紧扣庆典主题。一个主题下的三项活动构成系列,责任明确,细节交代清楚,有很强的可行性。鉴于活动正处在筹备阶段,因此许多具体的实施方案还有待落实,这也从一个侧面体现了留有余地(有些方案常有备用方案应急)。

四、写作步骤

① 明确主题和活动的总体规模意图;

② 建立文书的框架体系;

③ 具体构想实施方案;

④ 合理安排活动细节;

⑤ 修改文书,润色版面。

五、复习与训练

1．本节思考与复习题

① 什么是专题活动策划文书?它有什么特点?

② 简述在专题活动策划文书中内容的周密性与灵活性之间的关系。

③ 专题活动策划文书的正文一般应包括哪些内容?其中哪些是主要的和不可或缺的?

2．本节训练与活动方案

体验活动一:金秋来临,艳阳高照,这是一个理想的出游时节。会展071班的同学在老师组织下,议论起国庆长假秋游的事项。请撰写一份外出旅游的策划书。

活动要求:按3—5人分为一组,选择一个景点讨论并撰写。内容具体可行。

体验活动二:新东方国际旅游学校学生会在五四前夕筹备一个名为"发扬光荣传统,铸造时代新人"的主题演讲会。请撰写一份演讲会的策划书。

活动要求:根据所给材料、要求,认真构思活动内容,然后充分兼顾时间、场地和人员的因素。注意演讲会的程序和必要的规则。

第五章　财会业务文书

第一节 经济活动分析报告

小贴士

什么叫经济活动

是指人们从事物质资料生产的活动及其相应的交换、分配和消费的活动,企事业单位在业务工作过程中发生的能够用货币形式反映的各种活动。

重点一:经济活动分析报告特点

材料的专业性

分析的科学性

观点的指导性

小贴士

什么叫经济活动分析

以党和国家的方针政策和正确的经济理论为指导,利用会计核算、统计资料、计划指标及通过调查研究获得的其他有关资料,对经济活动的全部或部分,运用科学的方法进行分析,评价成败得失,探讨其中原因,寻求改进办法。

小贴士

商业企业的经济指标有哪些

主要有商品流转指标(包括购进、销、存),流通费用指标,资金指标和利润指标等。

一、知识概述

经济活动分析报告是商业部门管理人员对一定时期内的生产、交换、分配和消费等经济活动进行科学的分析研究,预测未来状况,作出正确决策而写成的应用文书。

经济活动分析报告可从以下不同角度进行分类:

按经济部门或经济工作内容分,有工业、农业、商业、交通运输及财政、税收、统计等部门的经济活动分析报告;

按时间分,有定期分析报告和不定期分析报告;

按经济活动分析的主体分,有自我分析报告和监督分析报告;

按分析写作的范围、目的和内容来分,通常分为全面分析报告、专题分析报告。

经济活动报告具有以下特点。

1. 专业性

经济活动分析报告是在核算经济效果的基础上进行分析写成的,核算离不开数据和计算,因此经济业务领域的专业性很强,要求撰写人员具备相当的专业知识。

2. 科学性

经济效益的高低不仅要以账面数字和统计资料为依据,而且要结合调查研究,从主观上和客观上找出原因,推导出正确结论。经济活动分析的过程也就是围绕经济活动进行科学地分析研究的过程。

3. 指导性

经济活动分析虽立足于分析过去和现在的数据资料,却要着眼于将来,使今后的经济活动有所借鉴,以期获得更好的经济效益。

二、写作指要

经济活动分析报告写作的基本结构一般包括标题、正文、落款三部分。

1. 标题的写法

全面分析报告的标题通常由单位名称、时限和文种三项构成,如:"××商店××年度经济分析报告"。专题分析报告的标题通常由分析内容与"分析"字样构成,如:"流动资金占用情况分析"。还可以采用一般文章的拟题方法拟写标题,如:"××供销社的利润为什么上不去"。

2. 正文的写法

正文可依次写下列内容：

① 概况。大多以简练的语言概括介绍经营期的形势和经营情况，给人一个总的印象。

② 经济指标的分析结果。这部分包括数据说明和文字说明，在安排上，一般先列数据，后进行文字分析；也可先作文字说明，后列数据为证。分析项目多的，可分条列项写。

③ 意见或建议。应有针对性地提出具体可行的改进意见。

3. 落款的写法

在正文右下方写上分析单位名称，并在名称下写上日期。

三、实例示析

参考样式

××绸布呢绒商店
××××年度经济活动分析报告

一、基本情况

我店以经营绸布呢绒买卖为主要业务。近年来，由于人民生活水平的不断提高，绸布呢绒类商品市场需求变化较大。过去不重视市场调查，只凭经验确定进销指标，致使一部分商品因不对路、不适销而造成积压。在既要大力组织适销商品以满足消费需要，又要处理积压商品降低库存的原则下，××××年度商品流转指标中的进货、销货均超额完成计划，库存商品也从上年的80万元，减少到62万元，但比计划安排的要求尚有相当大的差距。主要是积压多年的商品，处理上存在一定困难。而且由于削价出售这些商品，造成销售额超额完成6.2%，利润反而比计划降低1.24%的情况。但与上年各项指标相比，经济效益有显著提高，发展趋势基本上是好的。

二、各项经济指标的完成情况

××××年的计划，进货保持在上一年已实现的销货额（成交价）的基础上，同时扩大计划年度的销售来减少库存商品30万元，压缩流动资金。但实际结果只减少了18万，未能达到预计目标。不过从今年起，我店加强了市场预测，实行以销定进。

因此在进货超计划9%的情况下，没产生新的积压，整个商品流转计划的执行，基本上是正常的。

销售收入比计划增长6.2%，比上年增长10.9%，在扩大

重点二：常用的经济活动分析方法

1. 比较分析法
　　（1）比计划
　　（2）比历史
　　（3）比先进
2. 因素分析法
3. 动态分析法
4. 综合分析法

重点三：格式内容

1. 标题
2. 正文
　　（1）开头：概括基本情况
　　（2）主体：分析结果、存在问题及原因
　　（3）结尾：意见、建议
3. 落款

标题：
由单位名称、时限和文种三项构成

正文：
分成三部分，并列出小标题作内容提示，条理清楚，一目了然

第一部分：
概括介绍经营期的形势和经营情况，给人一个总的印象

第二部分：
对各项指标进行比较分析，指出存在的问题

商务应用文写作

商品流通,满足市场供应方面,取得一定的成绩。主要问题是:

　　1. 销售额增加120万元,利润额反而减少5万元,没有达到计划指标。这主要是由于削价处理积压商品造成的。虽然商品积压也是本店经营管理上存在的问题,但不是本年度的责任。

　　2. 费用比计划增加9.5万元,这是抵除水电、文具、印刷等办公费节约1万余元后的净超支,除其中因扩大商品销售而增加包装、运输、保险、仓储保管、利息支出以及处理积压商品而支出整理等费用7万余元属于正常外,其他如修理费、差旅费、会议费、广告样品费等,都发生了不同程度的超支,总数达2万元左右,这是管理上存在的主要问题。

　　三、改善经营管理的意见

> 第三部分:
> 针对存在的问题提出了具体可行的改进意见

　　1. 加速处理积压商品。今年处理了一批达10余万元的积存商品,尚存10余万元更不适销的商品。积压时间愈久,处理将愈加困难,因此必须采取积极的措施,如:降低售价,运销到消费水平较低的地区,或加工改制成成品出售等。

　　2. 加强财务监督。今年超支的固定费用,虽然没有不合法的支出,但也没有精打细算,存在不讲支出效果的情况。例如,有些差旅费、会议费、广告费并无必要,但财务部门对这种合法而不合理的支出,也只好照付。今后对这些支出,有关部门应慎重考虑。

财务科经济分析小组

××××年×月×日

案例简析:

　　本例内容具体完整,格式规范。

四、写作步骤

① 制订写作计划,明确分析目的;
② 充分掌握数字资料和事实材料;
③ 分析成果,总结经验;
④ 揭露问题,剖析原因;
⑤ 按照格式进行写作;
⑥ 核实数据,修改文字。

五、复习与训练

> 重点四:写作要领
>
> | 重点突出 | 观点明确 |
> | --- | --- |
> | 数据真实 | 事例典型 |
> | 量中定性 | 分析深透 |

1. 本节思考与复习题

① 经济活动分析报告有什么特点?
② 经济活动常用的分析方法有哪些?
③ 经济活动分析报告的正文有哪几方面内容?

2. 本节训练与活动方案

体验活动:阅读下面材料,按活动要求进行练习。

① ××服务公司印刷厂今年的奋斗目标是实现年利润25万元。

② 1—3月份完成利润10.3万元。

③ 2月份每千印成本为45.23元,百元产值成本为59元;3月份每千印成本为65元,百元产值成本为70元。

④ 2月份787凸板纸每张单价为0.47元,3月份787凸板纸每张单价为0.53元,每千印成本增加0.35元,百元产值成本增加0.27元。

⑤ 3月份共完成1725.25千印,消耗油墨352.5公斤,平均一千印多耗油墨0.15公斤,每千印成本增加16.5元,百元产值成本增加10.5元。

⑥ 3月份领用大型工具多,设备备件多,增加了辅助生产费。

⑦ 3月份购买办公用品多,招待费多,增加了企业管理费。

活动要求:结合所学的专业知识,分析这些材料,为××服务公司印刷厂财务科写一份专门分析"3月份成本"的经济活动分析报告。要有比较分析,找出问题,得出结论;要有因素分析,说明原因;还要针对存在的问题提出改进意见。条理要清楚,语言要准确,格式要规范。

第二节 财务分析报告

一、知识概述

财务分析报告是在对一定时期内企业财务活动状况进行分析的基础上反映分析结果和评价意见的应用文体。它属于经济活动分析报告的范畴,也可以说是经济活动分析报告的一个分支、一个侧面。做好财务分析工作,可以充分发挥财务工作对整个企业的经济活动的服务、监督和参谋作用。

重点一:财务分析报告特点
材料真实
数据同比
议论分析

财务分析报告一般分为综合分析、专题分析、简要分析、典型分析和财务预测五种。①综合分析是对资金、费用、利润等财务指标进行全面的分析,通常以半年或一年为周期定期进行,以全面考核企业经营情况。②专题分析是对某个主要指标或某个重点问题进行的专门分析,分析问题深透,反映问题及时。③简要分析是对季度或月份的主要财务指标执行情况进行检查分析,一般随同月度财务报表一起上报。④典型财务分析报告是分析与财务活动有关的、重大突出的、有普遍意义的典型事例所写的报告,多数是由上级单位或同级财税、金融、工商管理部门编写,常用第三人称。⑤财务预测报告也称财务可行性预测,是企业在某一特定时期或对某一经营业务的财务成果进行预测时所写的报告,供领导作决策之用。

财务分析报告和一般经济活动分析报告相比,主要有以下特点。

1. 真实性

财务分析报告的主要作用是供领导正确决策,为企业健康有序发展之用,因而材料的真实性至关重要。任何虚假的材料都会导致判断的失真,进而导致决策的失误,导致工作的失败。

2. 同比性

财务状况的优劣,一定与某个特定时期的背景分不开,一定与企业发展的阶段性分不开,所以,比较法是最为常见的分析方法,尤其是历史上的同比很有必要,这有助于帮助企业找到

商务应用文写作

发展的坐标。

3. 议论性

财务分析报告的表现手法,侧重在议论,其他的记叙、说明都是为议论服务的,最后的结论也是建立在议论分析基础上的。所以应该不断地夹叙夹议。

二、写作指要

财务分析报告的基本结构一般包括标题、正文、落款等内容。

1. 标题的写法

标题通常由单位名称、时限、分析内容和文种四项构成,如:"××商店第三季度财务三项指标完成情况分析报告"。有的专题分析报告为了突出重点而直接用建议或意见作标题,如:"关于节支增收、扭亏增盈的意见"。

2. 正文的写法

重点二:格式内容
1. 标题
2. 正文
  (1) 基本情况
  (2) 指标分析
  (3) 意见建议
3. 落款

正文可依次写下列内容:

① 基本情况。以简练的语言概括介绍报告期内财务活动所取得的主要成绩或主要问题,并作总的评价。还可阐明进行财务分析的目的和要求。

② 对资金、费用和利润作系统分析。这三项指标是财务分析的主体内容,不应该是简单的材料堆砌和数字罗列,而是要有材料、有比较、有分析,探寻出规律。

③ 意见或建议。应有针对性地提出具体可行的意见和建议。

正文结构最常见的是条文与表格相结合的综合样式。

3. 落款的写法

在正文右下方写上分析单位名称,并在名称下写上日期。

三、实例示析

参考样式

标题:
由单位名称、时限和文种构成,简单明了

正文:
开头用简练的语言概括介绍了第二季度公司财务状况

××公司××××年第二季度财务简要分析报告

本季度商品销售额×万元,比去年同期增加×万元。利润总额×万元,比去年同期增加×万元。累计完成全年计划的76%。商品流通费用水平2.7%,比去年同期上升0.06%。期末流动资金占用×万元,比去年同期减少×万元。非商品资金占用×万元,比去年同期减少×万元。结算及其他资金占用×万元,比去年同期减少×万元。全部流动资金比去年同期加快0.25次。

资金分析。流动资金占用结构:商品及材料资金占全部流动资金的55%,比去年同期下降1.2%;商品资金占用×万元,比去年同期减少×万元,减少的主要原因是购进减少;结算资金占用比重上升2%,其中委托银行收款比重上升2.7%,其上升的主要原因是商品资金占用比重下降,相对地使结算资金占用比重上升;从结算资本本身分析,在销售增加的情况下,结算资金占压天数比去年同期减少;非商品的资金占用比重下降0.2%,

商务应用文写作

一是包装物占用减少×万元,二是物料用品减少×万元。

利润分析。利润比去年同期增加。主要原因:销售增加×万元,增加利润×万元;毛利率上升0.03%,增加利润×万元。

费用分析。费用水平比去年同期上升,影响了利润的增加。主要因素:利息水平0.39%,比去年同期上升0.13%,多支利息×万元;保管费比去年上升0.02%,增支×万元;折旧费率比去年同期上升0.02%,增支×万元。其余费用率与去年同期相比,略有下降。

财务科

××××年×月×日

> 主体部分对资金、利润和费用作了简要分析,有数据材料的比较,有因素的分析

案例简析:

本例是财务分析中的简要分析,是对季度或月份的主要财务指标执行情况进行的检查分析,一般随同月度财务报表一起上报,故省略了意见或建议。

四、写作步骤

① 搜集有关资料;
② 分析得出结论;
③ 构思写作框架;
④ 按照格式写作;
⑤ 修改、完善文表。

> **重点三:写作要领**
> 数据列表;
> 分析扼要;
> 建议可行;
> 层次分明;
> 语言简洁

五、复习与训练

1. 本节思考与复习题

① 财务分析报告和一般经济活动分析报告有何不同?
② 财务分析报告基本格式包括哪几部分?
③ 财务分析报告正文要写哪几方面内容?

2. 本节训练与活动方案

体验活动:阅读分析下表中的数据,按活动要求进行练习。

项　目	本年第一季度	上年同期	比上年增长幅度
商品销售总额	253 万元	204 万元	+24.02%
毛利率	7.39%	8.30%	−11.96%
费用率	5.35%	4.75%	+12.63%
经营利润额	5.86 万元	6.95 万元	−15.68%
利润总额	6.35 万元	7.90 万元	−19.62%

活动要求:结合所学的专业知识,用比较分析法对上表中的数据进行分析,得出结论。然后用因素分析法分析原因,分析时注意项目间的关系。将分析结果用文字表述出来,可不考虑格式、内容。条理要清楚,语言要准确。

商务应用文写作

第三节　验资报告

一、知识概述

验资报告是由经审核登记的注册会计师事务所、审计事务所或其他金融机构对申请验资的企业进行验资后出具的具有证明性质的应用文体。其作用是审核该企业是否具备申请成立的基本条件，资质是否良好而且讲信用，申请登记的行为是否规范。这种报告与市场经济联系密切，使用广泛，作用很大。

验资报告具有验资行为的严肃性、文书的权威性、使用的依附性等特点。

> **重点一：验资报告特点**
> 严肃性
> 权威性
> 依附性

1. 严肃性

验资工作事关维护市场经济秩序的大问题，因而出具验资报告是一项非常严肃的工作，稍有疏忽都会导致有关企业或消费者受损。

2. 权威性

出具验资报告的单位都是具有专门资质的单位，其本身就具有相当的权威性。由这样的机构出具的报告也就具有相当的权威性。因而在具体的经济活动过程中，有时会在验证其企业相关证件的时候，着意提出阅读代表其"身家"的验资报告。

3. 依附性

从形成上，验资报告对验资过程具有直接的依附与依赖，没有验资活动便无所谓验资报告。从使用看，验资报告对经济合同、招标书和投标书等具有依附性，许多情况下验资报告均作为上述文书的附件之一使用。

二、写作指要

验资报告一般由标题、正文和落款三部分构成。

1. 标题的写法

标题一般由验资机构、被验单位名称和文种三部分组成。如："××会计师事务所关于××公司的验资报告"，其中验资机构可省略，可写成"××公司验资报告"，也可直接以文种为题。

2. 正文的写法

正文一般由开头、主体和附件构成。

① 开头。开头要写明受谁的委托、对谁验资、起讫时间等，有的还写上验资目的、依据、范围。然后用"验证结果如下"过渡到主体部分。

② 主体。主体部分具体说明资产情况，包括总资产多少，资金多少，实物多少，无形资产多少等等。这部分应分条写。

③ 附件。如果有进一步说明的必要，往往附上"明细表"。有时也可省略附件。

> **重点二：验资报告格式内容**
> 1. 标题
> 2. 正文
> 　(1) 概况
> 　(2) 资产情况
> 　(3) 附件
> 3. 落款

3. 落款的写法

在正文右下方写上验资机构全称，参加验资的所有工作人员要签名，加盖公章。下面写上具体的验资日期。

三、实例示析

参考样式

关于××公司的验资报告

受××公司委托,我们于××××年×月×日至××××年×月×日对××公司的注册资本实行了审核验证。验证结果如下:

一、公司资产总额×万元

其中:实物资产×万元;

无形资产×万元。

二、各项资产额

1. 实物资产

①货币资金×万元,其中:股东出资×万元;招募股份×万元;②实物折款×万元。

2. 无形资产

①工业产权作价×万元;②非专利技术作价×万元;③土地使用权作价×万元。

三、项目明细表(见附件)(略)

××注册会计师事务所(盖章)

验资人:×××(签名)

××××年×月×日

案例简析:

本例是一家注册会计师事务所为申请登记的股份制公司出具的验资报告。

开头部分概述受托验资的经过;主体部分具体说明该公司的资产情况,包括总资产及资产的构成情况。事实清楚,项目齐全,语言简洁,格式规范。

四、写作步骤

① 验证所给材料;

② 确定写作框架;

③ 依次罗列内容;

④ 审核数据、文字;

⑤ 修改文面、盖章。

> **重点三:写作要领**
> 项目齐全,分条列写;
> 数额准确,表述恰当;
> 说明为主,无需叙议

五、复习与训练

1. 本节思考与复习题

① 验资报告的意义和特点是什么?

② 验资报告的基本格式包括哪几部分?

③ 验资报告正文要写哪几方面内容?

2. 本节训练与活动方案

体验活动:阅读一份验资报告,按活动要求进行练习。

验 资 报 告

江苏××环保色纺股份有限公司全体股东：

　　我们接受委托，审验了贵公司截至2010年6月28日止的新增注册资本实收情况。按照国家相关法律、法规的规定和协议、章程的要求出资，提供真实、合法、完整的验资资料，保护资产的安全、完整是全体股东及贵公司的责任。我们的责任是对贵公司新增注册资本的实收情况发表审验意见。我们的审验是依据《独立审计实务公告第1号——验资》进行的。在审验过程中，我们结合贵公司的实际情况，实施了检查等必要的审验程序。

　　贵公司原注册资本为人民币30,320,000元，根据贵公司2009年度股东大会决议和修改后公司章程的规定，申请增加注册资本人民币20,000,000元，变更后的注册资本为人民币50,320,000元。经中国证券监督管理委员会证监发行字〔2006〕83号"关于核准江苏××环保色纺股份有限公司公开发行新股的通知"，同意贵公司向社会公开发行人民币普通股20,000,000股，每股面值1元。经我们审验，截至2010年6月28日止，根据贵公司的发行结果，本次实际发行境内上市人民币普通股20,000,000股，每股发行价格为6.62元，共计募集资金132,400,000元，扣除发行费用9,788,400元，实际募集资金122,611,600元，其中注册资本20,000,000元，资本公积102,611,600元，上述募集资金已于2010年6月28日汇入贵公司在中信实业银行无锡分行东林支行账户（账号：7322110182200052502）。截至2010年6月28日止，贵公司已收到新增注册资本人民币20,000,000元（大写贰仟万元整），均为货币资金。

　　贵公司本次增资前的注册资本为人民币30,320,000元，已经本所审验，并由本所于2008年12月8日出具苏会B〔2008〕169号验资报告。截至2010年6月28日止，变更后的累计注册资本实收金额为人民币50,320,000元。

　　本验资报告供贵公司申请变更登记及据以向股东签发出资证明时使用，不应将其视为是对贵公司日后资本保全、偿债能力和持续经营能力等的保证，因使用不当造成的后果，与执行本验资业务的注册会计师及会计师事务所无关。

　　附件：1. 新增注册资本实收情况明细表

　　　　　2. 注册资本变更前后对照表

　　　　　3. 验资事项

××公证会计师事务所有限公司（盖章）

副主任会计师 金××（签名盖章）

中国注册会计师 赵××（签名盖章）

地址：中国-××　　　　　　　　　　　　　　报告时间：2010年6月28日

　　活动要求：目前类似本文的验资报告较多，请分析指出上面这份验资报告的作用，归纳其写作基本格式及正文段落大意。

第四节　查账报告

一、知识概述

　　查账报告是查账人员向单位或委托查账单位报告查账经过和结果的应用文书。

查账报告制度目前主要在中外合资企业、股份制企业和国内大中型企业中实行。根据国家规定,企业在向税务机关报送所得税申报表和会计决算表时,应附上在中华人民共和国登记注册的公证会计师的查账报告。这种报告是税务机关决定所得税额的依据,它着重对企业盈亏情况进行分析说明。有的查账报告则是为了监督企业经营活动的合法性和财经纪律的执行情况。通过检查会计资料,可以保护企业财产的完整和安全性,维护国家财经纪律,促使单位的经济活动能正常有序地开展。

查账报告具有以下特点。

1. 政策性

查账的根本依据就是国家经济事务的有关方针政策和有关的经济法规。查账人员必须对这些方针政策和法规有深刻的理解,并按这些方针政策和法规完成查账工作。查账报告就是有关政策的体现。

2. 监控性

查账报告是在查账行为基础上产生的,查账行为实际上就是上级领导或财经纪律的监控管理组织授权下的行政行为,查账人员是代表国家有关部门行使监控职权的。

3. 专业性

行业不同,其财务会计的具体实施方法与细则也会有所区别,有些甚至是较大的区别。查账人员应该具备很强的财会专业理论与实务能力,才能从容面对各种类型的账目,找出理论或实务的病症。

> **重点一:查账报告特点**
> 政策性
> 监控性
> 专业性

> **重点二:查账报告格式内容**
> **1. 标题**
> **2. 正文**
> (1) 开头:依据、范围、要求、概况等
> (2) 主体:会计资料情况、存在问题、分析原因
> (3) 结尾:意见、建议
> (4) 附件
> **3. 落款**

二、写作指要

查账报告的基本格式一般由标题、正文和落款三部分构成。

1. 标题的写法

标题一般只写"查账报告书";也可由被查单位、查账性质和文种三项构成,如:"关于××厂违反财经纪律的查账报告"。

2. 正文的写法

正文可依次写清以下内容:

① 查账依据;

② 被查单位概况;

③ 查账范围和要求;

④ 反映所检查的会计资料情况,如:原始凭证、记账凭证、账户记录、实物等方面的情况等;

⑤ 说明存在的问题;

⑥ 分析问题发生的原因;

⑦ 有针对性地提出处理意见或整改的建议等,如需带附件,则在末尾写上附件名称、份数等。

3. 落款的写法

在正文的右下方写明查账单位名称,查账人员也应签名以示负责。同时注明成文日期。

三、实例示析

标题：
标明了被查单位、查账内容范围和文种

关于××商店往来账目及商品盘亏的
查账报告书

受××市××商店委托，对该店××××年××月至××××年×
×月发生账目及××××年底出现的商品盘亏×元问题进行了账面查核。

该店提供了上述期间的会计账簿×本、会计凭证×本、仓库数量账×
本及部分仓柜月报表(不齐全、不衔接)。

委托的具体要求是查核往来账户的余额是否有错，并对商品盘亏额从
账面进行查找。

兹将查核结果及问题分析报告如下：

一、查核结果

共查核出错账、漏账、重账和本应及时结转但尚未结转的有关账目共
88笔，其中……

在上述三项88笔应调整的账目中，净调减商品账×元，因此盘亏×元
不实，现调整为盘亏×元，详见附表。

二、问题分析

在查出的应调账目中，大多出现以下六种情况：

1. 计算差错和串户现象得不到审核。
……

2. 入库单重复，会计做账也随之重复。
……

3. 委托代销商品的"进销差价"(即代销手续费收入)结转不及时。
……

4. 价格变动时未及时调整商品账的"进销差"。
……

5. 仓库或柜组向供方退货或向外发出代销商品时手续不全、责任不
明，甚至单据也不转给会计。
……

6. 不及时对账。
……

鉴于该店各仓柜账、表、证资料不全，财务上也缺少××××年度的
销售分柜账，且在上述一年半的时间里先后四易主管会计，四易仓库保
管，且移交均未正式造表又无人监交，各柜组的人员、组织形式也多次
变动，加上对商品的进、拨、转、退等某些环节手续不严，因此对账面的
有关往来账户除账面查找外，还应与对方逐笔核对，以进一步搞清账面
不真实的现象。总之，查核虽然发现以上问题，但不等于账目全清，盈亏
都实。特此报告。

正文：
开头交代了查账依据、查账内容范围，以及查账要求。然后用"兹将查核结果及问题分析报告如下"过渡到主体部分

主体部分分条反映检查结果，分析了问题发生的原因

结尾有针对性地提出处理意见等

```
        附件:
        ……
                                ××会计师事务所(公章)
                                查账会计师:×××
                                ××××年×月×日
```

案例简析:

本例内容比较完整,分析较有针对性,格式规范。

四、写作步骤

① 分析归纳资料;
② 确定写作框架;
③ 逐条反映看法;
④ 核对事实结论;
⑤ 修改润色文字。

> **重点三:写作要领**
> 掌握政策不走样;
> 客观公正不作假;
> 条理清楚不遗漏;
> 文字简练不含糊

五、复习与训练

1. 本节思考与复习题

① 查账报告有什么特点?
② 查账报告的作用是什么?
③ 查账报告正文要写哪几方面内容?

2. 本节训练与活动方案

体验活动:阅读下面材料,按活动要求练习。

××公司财务科年终在做财务分析时发现凭证有涂改情况, 供销科采购员张××有涂改凭证的嫌疑。公司专门成立了查账小组,经过近一个月的内查外调,张××贪污案基本查清。经查发现供销科采购员张××于××××年4月5日向××交电公司采购照明设备15套,价值15080元,事后将凭证上的货款涂改为75080元,从中贪污公款60000元。××××年9月18日公司采购飞利浦彩电5台,他又用同样手法,将每台单价3100元改为5100元,从中贪污公款10000元。经查还发现,张××平时经常给主管财务的副厂长×××送礼。张××很受器重,既是采购员,又是仓库验收员和领料员。××××年他在经办委托新建办公大楼时多领圆钢200根,转手倒卖给了××厂,非法获利45000元。

活动要求:复习查账报告的写作格式和要领,根据所提供的材料拟写一份关于××公司张××贪污事件的查账报告。犯罪事实要根据性质分条陈述,简要分析犯罪得逞的原因,并提出相应的建议。层次要清楚,内容要完整,格式要规范。

商务应用文写作

第五节　审计报告

一、知识概述

重点一:审计报告特点
专业性
凭证性
答复性

审计报告是审计人员对被审计单位的经济活动及财务收支等方面的情况进行审查,作出公正合法的评价之后,向被审计单位和有关部门陈述审查结果及意见、建议的应用文书。

审计报告按内容可分为财务收支审计报告、财经纪律审计报告、经济效益审计报告;按审计范围可分为全面审计报告和专题审计报告;按目的性质分,有对外公布的标准审计报告和非公布的非标准审计报告;按审计意见分,有无保留意见的审计报告、保留意见的审计报告、否定意见的审计报告和拒绝表示意见的审计报告。

审计报告具有专业性、答复性、凭证性等特点。

1. 专业性

审计是由独立于企事业单位财务会计部门之外的审计部门或受委托的审计人员根据国家的有关政策和纪律,对有关单位的会计记录、凭证、账簿、报表等进行检查,以确定是否正确、合法。因此专业性很强,要求撰写人员具备审计专业知识。

2. 答复性

审计报告是对委托任务的一种书面答复,它是审计人员以与被审计单位无切身利害关系的第三者身份对审计结果进行总结,向委托单位所作的书面交代。

3. 凭证性

审计机关作为一个执法机关,审计报告中作出的结论就是对被审单位经济活动正常、合法与否的裁定。因此审计报告具有对被审单位经济活动的裁决和公证作用;对政府有关部门指导工作、解决问题、作出决策有重要的参考作用;对维护财经纪律、制止经济犯罪有着保证作用。

二、写作指要

重点二:审计报告格式内容
1. 标题
2. 收件人
3. 正文
　(1)开头:审计依据、范围、责任、程序等
　(2)主体:审计意见
　(3)结尾:审计说明
4. 落款

根据中国注册会计师协会有关文件规定,标准审计报告应当包括以下基本内容:

1. 标题

审计报告的标题应当统一规范为"审计报告"。

2. 收件人

审计报告的收件人是指注册会计师按照业务约定书的要求致送审计报告的对象,一般是指审计业务的委托人。审计报告应当写明收件人的全称。

3. 正文

(1) 范围段

审计报告的范围段应当说明下列内容:已审计会计报表的名称、反映的日期或期间,会计责任与审计责任,审计依据,已实施的主要

审计程序。

(2) 意见段

审计报告的意见段应当说明以下内容:

① 会计报表的编制是否符合国家颁布的《企业会计准则》和相关会计制度的规定;

② 会计报表在所有重大方面是否公允地反映了被审计单位的财务状况、经营成果和资金变动、现金流量等情况;

③ 会计处理方法的选用是否遵循了一贯性原则。

(3) 说明段

当注册会计师出具保留意见、否定意见和拒绝表示意见的审计报告时,应当在意见段后加说明段,清楚地说明所持意见的理由。

4. 落款

(1) 注册会计师的签名及盖章

由注册会计师签名并盖章。

(2) 会计师事务所的名称、地址及盖章

此处应写明会计师事务所的名称、地址,并盖章。

(3) 报告日期

审计报告日期是指注册会计师完成审计工作的日期。审计报告日期一般不应早于被审计单位管理当局确认和签署会计报表的日期。

三、实例示析

参考样式

审 计 报 告

山东新华制药股份有限公司全体股东:

我们接受委托,审计了山东新华制药股份有限公司2009年12月31日的资产负债表和合并资产负债表、2009年度利润表及利润分配表、合并利润表及合并利润分配表,以及2009年度现金流量表和合并现金流量表。这些会计报表由贵公司负责编制,我们的责任是对这些会计报表发表审计意见。我们的审计是依据《中国注册会计师独立审计准则》的规定进行的。我们抽查了有关会计记录和凭证,并完成了当时情况下我们认为必要的其他审计程序。

我们认为,上述会计报表符合《企业会计准则》和《企业会计制度》的有关规定,在所有重大方面公允地反映了贵公司2009年12月31日的财务状况、2009年度经营成果和现金流量情况,会计处理方法的选用符合一贯性原则。

信永中和会计师事务所(公章)

注册会计师 张 克(签名盖章)

注册会计师 郎 争(签名盖章)

2010年2月7日

标题:
采用规范化写法

收件人:
审计业务委托人是股份有限公司,因此称"××公司全体股东"

正文:
第一自然段是范围段,说明了审计范围、审计责任、审计依据和审计程序。
第二自然段是意见段,用"我们认为"作为意见段的开头,并使用"在所有重大方面公允反映了"等专业术语,表明他们出具的是无保留意见的审计报告

商务应用文写作

重点三：写作要领
目的任务明确；
依据确凿合法；
评价客观公正；
意见准确可行；
语言简练规范

四、写作步骤

① 审阅筛选、归类整理原始材料；
② 核实有关材料；
③ 研究审计评价；
④ 拟定写作提纲；
⑤ 编写审计报告。

五、复习与训练

1．本节思考与复习题

① 审计报告有什么特点？
② 审计报告正文要写哪几方面内容？
③ 写审计报告应注意什么问题？

2．本节训练与活动方案

体验活动：阅读下面两份审计报告，按活动要求练习。

例一

审 计 报 告

ABC股份有限公司全体股东：

我们审计了后附的ABC股份有限公司(以下简称ABC公司)2009年12月31日的资产负债表以及2009年度的利润表和现金流量表。这些会计报表的编制是ABC公司管理当局的责任，我们的责任是在实施审计工作的基础上对这些会计报表发表意见。

我们按照《中国注册会计师独立审计准则》计划和实施审计工作，以合理确信会计报表是否不存在重大错报。审计工作包括在抽查的基础上检查支持会计报表金额和披露的证据，评价管理当局在编制会计报表时采用的会计政策和作出的重大会计估计，以及评价会计报表的整体反映。我们相信，我们的审计工作为发表意见提供了合理的基础。

2009年12月15日，ABC公司将账面价值为×万元的存货作为抵押品，向××银行借款×万元，但未在会计报表中对抵押事项予以披露。

我们认为，除了未在会计报表中对抵押事项予以披露可能产生的影响外，上述会计报表符合国家颁布的《企业会计准则》和《企业会计制度》的规定，在所有重大方面公允地反映了ABC公司2009年12月31日的财务状况及2009年度的经营成果和现金流量。

××会计师事务所(盖章)

中国注册会计师：×××(签名盖章)

中国注册会计师：×××(签名盖章)

中国××市 2010年×月×日

例二

审 计 报 告

ABC股份有限公司全体股东：

我们审计了后附的ABC股份有限公司(以下简称ABC公司)2009年12月31日的资产负债表以及2009年度的利润表和现金流量表。这些会计报表的编制是ABC公司管理当局的责任,我们的责任是在实施审计工作的基础上对这些会计报表发表意见。

我们按照《中国注册会计师独立审计准则》计划和实施审计工作,以合理确信会计报表是否不存在重大错报。审计工作包括在抽查的基础上检查支持会计报表金额和披露的证据,评价管理当局在编制会计报表时采用的会计政策和作出的重大会计估计,以及评价会计报表的整体反映。我们相信,我们的审计工作为发表意见提供了合理的基础。

如会计报表附注×所述,ABC公司的长期股权投资未按《企业会计准则》的规定采用权益法核算。如果按权益法核算,ABC公司的长期投资账面价值将减少×万元,净利润将减少×万元,从而导致ABC公司由盈利×万元变为亏损×万元。

我们认为,由于受到前段所述事项的重大影响,上述会计报表不符合国家颁布的《企业会计准则》和《企业会计制度》的规定,未能公允反映ABC公司2009年12月31日的财务状况及2009年度的经营成果和现金流量。

××会计师事务所(盖章)

中国注册会计师:×××(签名盖章)

中国注册会计师:×××(签名盖章)

中国××市 2010年×月×日

活动要求:仔细阅读以上两份审计报告,找出它们的相同点和不同点。根据不同点说出它们分别属于何种类型的审计报告。

第六章　其他事务文书

第一节 专用书信

专用书信结构
① 标题
② 称呼
③ 正文
④ 结尾敬语
⑤ 签名(有时需公章)
⑥ 日期

一、知识概述

在社会科技飞速发展的今天，网络日益畅达，通信设备快速更新，电话、移动通信、电子邮件等通信方式都非常方便。在商务交际中，书信可能不是使用频率最高的通信工具，但是书信，尤其是专用书信，仍旧是无可替代的应用文书。在许多场合，书信被人们郑重其事地广泛使用。它以书面形式被正式确认，被存档备查，甚至具有契约的凭证意义。至于电子邮件，它只是改变了送达的方式，其书信的意义并没有根本的改变。

专用书信多用于个人与单位、单位与单位的事务往来之中，本节将展示并点评一些常见的专用书信：用于日常事务的有邀请书、聘书、介绍信、证明信、求职信、辞职信、推荐信、申请书等，用于商务的专用书信有催款函、索赔函等。

1. 专用书信的语言要求简明

商务工作特别要求快捷、高效率，这自然要求处理事务的应用文篇幅短，读来省时，易于理解，以便简练、快捷地处理事务。因此，在写作过程中要仔细选择词语，调整句型，压缩篇幅，化长句为短句，并正确地使用标点符号。撰写书信时，重点是抓住意思，用清楚、简洁的文字表达出来。

用于事务处理的专用书信的写作，要求内容明确、提供完整的信息，因此应尽量使用确定、具体的语言，直截了当地传递信息、说明问题，切忌笼统模糊。

商务信函内容不够完整时，可能会造成重复通信及其额外支出、失去有价值的客户、业务量下降、友好意愿未能传递、退赔或者事后花费更多的时间去补救等后果。

2. 书信用语要诚恳有分寸，表现交往礼节

商务沟通理论告诉我们，以体谅收信人、改善交际效果的态度来撰写信函，有利于达到我们本来的目的。这就要求写信人能够以对方所能接受的方式传递信息，要顾及对方的要求、愿望、感情等，特别是商务洽谈的信息，要以建设性的态度传达，从而更有助于创造一种友好、互助的氛围。对方提出而我方暂时不容易做到的要求，要给对方解释清楚，最好能够为将来留下机会，至少不应该一味否定，不能把商务渠道堵死。

一般书信与专用书信的区别
一般书信：个人和个人之间的书信叫做一般书信，它用于交流个人思想情感、互通个人和家庭的情况
专用书信：专用书信多用于个人与单位、单位与单位之间的事务往来

专用书信要求
文字贴切简洁、内容完整；
格式规范美观、用语礼貌
关键：表达本意，帮助理解
辨误：简明不是草率马虎，而是简练扼要

检查书信是否"完整"的方法

对一封写好的专用书信要作一番自问。如果发现自己对每个问题都能给出明确的答案,这就说明这封信已经提供了"完整"的信息;如果有哪个问题自己也不是很清楚,那么就不能指望对方仅凭此信就能完全明白你的意图了。

(1) 谁——Who?　　　　　　　　(2) 什么事情——What?

(3) 什么时候——When?　　　　　(4) 什么地点——Where?

(5) 为什么——Why?　　　　　　 (6) 怎么做——How?

3. 书信版面要美观协调

(1) 边距

在页面的上方、两侧和底部都要留出足够的间距。左边的空白要比右边稍宽些;下方的空白要留得大一些。有时空白的大小视信的长短而定。长信的边缘可窄些,短信则可宽些。

(2) 字体

一般常用行楷,不宜使用草、隶书。如果是打印,则一般使用宋、楷体。正文字迹颜色一般限用黑、蓝色。

(3) 字号

根据信的长短而定。信短了字号就大一些,反之就小一些。行距也是这样。如果信函比较长,一页嫌挤,两页又显得太空旷,就主要依靠字号和行距来调整版面了。

版面示意

二、专用书信例释

1. 邀请书

(1) 文种常识

邀请书又叫请柬或请帖,是为了增进友谊、发展业务,邀请客人参加各种活动的信函。商务邀请书一般由主办方发出,邀请对方出席正式的商务庆典、商务联谊等重要活动。有些参观、访问、比赛、交流、会面、协商等活动,也会使用邀请书,作出正式的邀请。

(2) 写作指要

邀请书的结构一般由五部分组成:标题、称谓、正文、结尾和落款。

① 标题的写法:第一行写标题"邀请书"三字,并居中。

1. 邀请书和通知的区别

邀请书：只能书面递送，不能口头传达

通知：既可以书面，也可以为了方便而口头传达，甚至可以打电话、发短信

2. 邀请书和一般书信的区别

邀请书：有标题；内容公开，在请人托带时，信封常常不封口

一般书信：无标题；信封封口，只有收信人才有权拆看书信的内容

附券：如有参观、文艺活动，或有礼品赠送，应附上入场券，或者领取礼品的赠券

宴请：如有宴请，应写明"敬备菲酌"、"沏茗候教"等字样，并注明"席设"何处，以及入座时间

特别提示：如有特殊的着装要求也应该在正文里注明。如需乘车乘船，应交待路线及有无专人接站等

● 根据活动的形式和规模，选择发请柬还是邀请书。一般说来，活动规模较大，邀请的人较多，适合发格式统一的请柬，只需要按内容、格式填写即可

● 根据被邀请人的身份和重要程度选择当面直接呈递、托人代送或者邮寄的方式

● 邀请书一般亲笔书写而非使用打印的形式，以表示郑重、诚意和礼貌

② 称谓的写法：换行顶格写被邀请者姓名或单位名称。

③ 正文的写法：这部分要写清楚邀请的事由、时间、地点，以及有关要求或注意事项。如是向单位发出邀请，还需写明被邀对象和人数。

④ 结尾的写法：结尾处要表示希望接受邀请、欢迎前来的诚意，一般用"欢迎指导"、"敬请光临"、"恭请莅临"、"请届时光临指导"等表示对被邀请方的恭敬和礼貌。

⑤ 落款的写法：在正文右下方写邀请单位或个人的名称。单位要加盖公章，个人只需署名。署名之下一行写发出邀请的具体年、月、日。

（3）实例示析

示例一：（公司庆典活动的邀请书）

> **参考样式**

邀 请 书

尊敬的林经梧先生：

为庆祝我公司创立10周年，我们将于10月8日晚17:30假座联杨饭店新杨厅举行庆典宴会和文艺联欢活动。在这里，我们希望感谢您在过去几年中给予我公司的友善和支持。

敬请届时携夫人光临

附：文艺联欢会入场券2张

上海姿颜美容公司（公章）

2010年9月20日

案例简析：

正文将活动邀请的目的和活动时间、地点用较为明确的语言表达清楚，同时也分寸得当地表示了感谢对方的诚意和应有的礼节。入场券附后，有助于宴会后入席参加联欢。

示例二：(商务活动的邀请书)

参考样式

邀 请 书

_____先生(女士)：

一个成功人士,不会错过任何一次成功的投资获利机会。本理财俱乐部将于12月1日(星期六)上午10点在三浦路营业部(三浦路888号,电话：58××××65),为有闲余资金欲投资而又缺乏精力去操作的人士举办委托投资讲座。我们欢迎您加入北斗星俱乐部,您将有机会和更多的朋友交流投资理财信息。

敬请光临

上海阳光证券北斗星理财俱乐部(公章)

2010年11月20日

案例简析：

正文首先将商务活动吸引成功人士的投资获利目的和盘托出,还附上了活动地点的具体地址和联系方式,一旦被邀请人错过了讲座,还有机会加入俱乐部,参加以后的信息交流活动。

(4) 写作步骤

① 确定邀请目的,明确活动的时间、地点；

② 附上活动细节；

③ 修饰文字,使其更能吸引邀请对象届时参加活动。

(5) 复习与训练

> 重点四：写作要领
> 突出活动特点；
> 明确时间、地点；
> 语言概括、简明；
> 措词礼貌、诚恳；
> 版面整洁、美观

体验活动一：美国STAT公司成立于1969年,总部设在美国加州Redlands市,是世界最大的地理信息系统技术提供商之一,在世界各地都设有办事处。多年来,STAT公司始终坚持运用独特的科学思维和方法,以帮助现有和潜在用户设计、开发和实施地理信息管理系统为目标。它所提供的GIS-Arc解决方案已经迅速成为提高政府部门和企业服务水平的重要工具。全球超过三十万家用户单位正在使用这种技术,以提高他们组织和管理业务的能力,这种技术被应用于政府部门、国家测绘部门、石油公司、健康机构,以及电力、国防、航空航天、商业等国民经济的各个领域。目前,STAT公司具有国际先进水平的GIS-Arc产品家族软件已成为中国用户群体最大、应用领域最广的GIS技术平台。

2011年12月1日,STAT中国(上海)有限公司将在上海北方国贸中心新新酒店举办成立仪式。STAT中国(上海)有限公司董事长将主持仪式,五十多家相关单位的领导以及中科院和GIS协会的领导将光临此次有重大意义的成立仪式。

STAT中国(上海)有限公司希望与国内各有关单位建立良好的合作关系,为不断促进和提高中国GIS和遥感事业的发展而共同努力。

活动要求：假设你已被STAT中国(上海)有限公司(筹)录用,专门负责接待工作,请根据所给材料,为成立仪式撰写一份邀请书。

提示：抓住核心信息,明确说明重点,突出活动细节。

体验活动二:方向艺术传播公司是一家以艺术广告制作为主体的广告传播公司,该公司准备在年底赞助举办一次广告行业的小型体育赛事或者广告从业人员的迎新娱乐活动,以达到召集、激励目标参与者并使他们感到以广告业为荣的目的。通过精心组织,利用公司活动这样的场合,以一种富有人情味的、令人愉快的方式传达公司的重要信息和活动主题,实现最高的客户忠诚度。

这次迎新活动将有三万元用于各项奖品和纪念品,并拟邀请广告业内的头面人物、公司客户出席、颁奖。日期暂定为12月28日,地点将根据活动内容和参加人数确定。

活动要求:根据所给材料,在策划一次公司活动的基础上,拟定邀请对象,为此次活动撰写一份邀请书。

提示:根据活动的策划细节,把握说明重点,并注意附上入场券和新年纪念品、兑奖券等有关内容。

2. 聘书

(1) 文种常识

聘书是聘请书的简称。它是用于一个单位、一家公司聘请有专业特长或有特殊技能的人来承担某项任务或担任某一职务时的书信文体。

聘书一旦以书面形式确定,并发给应聘人,它便确立了应聘人与用人单位的劳动关系,具有一定的法律意义。所以聘书上往往要写明担任什么职务、任用的年限和起始日期等。

(2) 写作指要

聘书的结构一般包括四个部分:标题、称谓和正文、结语、落款。

① 标题的写法:第一行居中写"聘书"或"聘请书"。

② 称谓和正文的写法:这是聘书的主体。一般除了要交代聘请的缘由和任职,还要写明任用的年限和起始的日期。

称谓可以写在开头,也可以写在正文中。在正文第一行顶格,写被聘请者的姓名、职称或者称呼,也可在第一行空两格写,"兹聘请××先生/小姐",接着写聘请他/她担任什么职务,以及期限和待遇等。

③ 结语的写法:结尾另起一行,写"此聘"、"特聘"表示敬意和祝颂。

④ 落款的写法:落款即署名、公章和日期。结语下行右下方写上聘请单位的名称,加盖公章。日期另起一行,标明具体的年、月、日。

(3) 实例示析

示例一:

参考样式

聘 书

兹聘请忻文强先生担任本公司策划二部经理职务。为期贰年,自二〇一〇年三月一日起至二〇一二年三月一日止。

此聘

总经理:沈绛光(签名)

(公司盖章)

二〇一〇年三月一日

重点一:聘书的作用
确立关系
给予尊重
赋予责任

重点二:内容要点
- 聘书一旦以书面形式确定,并发给应聘人,它便确立了应聘人与用人单位的劳动关系,具有一定的法律意义
- 聘书要写明:担任职务、任用年限、起始日期

重点三:陈述清楚
聘请谁,为什么聘请,聘去干什么,一定要说清楚。否则被聘者无法应聘,即使接受聘书,也只能是盲目应聘,会影响工作质量

案例简析:

被聘任人的称谓在正文中嵌入,使得此文干净利落。职务和任期也很明确,起止时间十分具体。除了加盖公司的公章,总经理还特别签名,以示聘任的庄重。

示例二:

参考样式

聘 书

卫黎湘小姐:

　　为提高设计水平,更好地扩展公司业务范围,特聘请你为咨询部高级设计师,聘期壹年。

　　此聘

上海百力装潢有限公司(公章)

二〇一〇年一月一日

重点四:文字庄重简洁

聘书是表示对应聘者的尊重,行文要庄重、礼貌。聘书不同于其他专用书信,只需说明聘请的理由和聘去干什么即可,语言要简洁凝练

重点五:加盖公章

聘书是以单位的名义发给受聘者的,加盖公章后才能生效

案例简析:

正文将聘请目的用较为明确的语言("提高设计水平"和"更好地扩展公司业务范围")表达清楚,同时也将聘任部门、职务和任期写明。

由于落款的日期明了,故2011年1月1日即可理解为任职期满。

(4) 写作步骤

① 搞清公司聘请的人和职务,保证人名和职务的书写正确;

② 以任职、任期等内容设计聘书的布局;

③ 按公司领导签发的文件为准,核对信息要点;

④ 微调文字,美化版面。

(5) 复习与训练

体验活动一:王梓原为北京冶金厂工程师,于2007年10月入职,2009年1月被调到广州空气设备公司工作。工作一年后,该公司总经理徐广齐发现大家对王梓在工作中的努力和创意很有口碑,在试用后,决定聘任他为产品检验部经理。

活动要求:根据所给材料,撰写一份聘书。

提示:抓住关键信息,明确写作重点,突出聘书各要素内容。

体验活动二:李熠乔,男,1984年3月8日出生,中专学历,网络管理专业。

工作经历:在校期间在麦当劳担任儿童活动电脑策划,毕业后任职于远晴公司网络部,一年后为网络部副经理,2010年获公司人才奖。

松井黄美,女,日本籍,1980年1月24日出生,日本驹泽大学毕业。

工作经历:毕业后任职于松冈株式会社,2007年4月被公司选派到中国担任业务公关员,2008年调入远晴公司担任游戏部副经理。

张来行,男,1978年1月2日出生,毕业于第二工业大学。

工作经历:高中毕业后与人共同创建浙江行沫制衣有限公司,担任副总经理,五年后进入第二工业大学取得电子和管理双学位。2008年进入远晴公司担任推广部副经理,2010年获公司优秀人才奖。

商务应用文写作

重点一:介绍信的两种
类型
① 按印制好的格式
填写，双联有存根
② 用单位公用信笺
撰写
两类介绍信格式都
应包括文种名称、信
函编号、收信单位名
称、正文、发信单位名
称、填写日期、有效期
限等项内容并加盖公
章

由于这三位员工在工作中的突出表现,公司将于今年给予他们晋升的机会,分别聘任他们为网络部、游戏部和推广部经理,任期两年。

活动要求:请根据所给材料,为每个人撰写聘书。

提示:抓住所需信息,明确写作重点,补足聘书内容要素。

3. 介绍信、证明信

（1）文种常识

A. 介绍信

介绍信是机关、团体介绍本单位的有关人员到其他单位去联系、了解、办理、磋商事情时由派出人员随身携带的专用书信。持介绍信的人可以凭借此信同有关单位或个人联系,商洽某些事项。收信者从介绍信里可以了解来者是什么人,任什么职务,要办什么事情,有什么希望和要求。介绍信不仅有联系双方的作用,还有证明身份的作用。介绍信通常按照一定格式事先编号印好,有的还留有存根,使用时只要逐项填写即可;另外也有用一般公文信纸写成的书信式的介绍信。

双联有存根填表式

介绍信（存根）

（　）字第　　号

_____ 等 _____ 人,前往 _____ 联系 _____ 事宜。

年　月　日

（有效期　天）

（加盖骑缝章）

介 绍 信

（　）字第　　号

_____ :

兹介绍 _____ 等 _____ 人,前往你处联系 _____ 事宜,请接洽并予协助。

此致

敬礼

（公章）

（有效期　天）

年　月　日

B. 证明信

证明信，也称证明，它是以机关、团体、个人的名义，凭借确凿的证据，用于证明有关人员的身份、经历及其与某事件关系而出具的专用书信。有的是主动发往对方的；有的是对来函询问的答复；有时用于差旅事项的证明；有时用于证明事实材料的真实性。

证明信分为三类：①存档材料的证明信，证明曾经在本单位工作的人员的身份、经历、学历或有关事件等情况。②证实情况的证明信，证明某人或某一事实情况的证明信。③个人证明信，以个人名义证明某人、某事的真实情况，内容完全由证明人负责。

证明信的特点是真实性和凭证性：写证明信应据实作出证明，不得作假；证明信是以真实性为基础的，许多事情的办理、问题的解决，都是以证明信为依据的。

由于介绍信和证明信具有很严肃的身份证明作用，所以单位开具证明或介绍信要履行一定手续：

① 专人管理，严禁开出空白介绍信和证明。

② 使用者的真实身份与事由要严格审核，防止伪造和冒用。

③ 重要的介绍信和证明要经领导过目，并在存根上签字，以示负责。

④ 专用介绍信共有两联，一联是存根，另一联是介绍信的本文。两联正中有间缝，同时编有号码。

⑤ 开出的证明、介绍信还要存根留底，作归档处理。存根和发出的信要前后一致。

(2) 写作指要

A. 介绍信

介绍信的结构一般由五部分组成：标题、称谓、正文、结语、落款。

① 标题的写法：普通手写介绍信在办公用纸的上方写上"介绍信"三个字。不留存根或留存根的印刷介绍信，在第一行正中印上"介绍信"三个字。

② 称谓的写法：在标题下一行，顶格写收信单位名称。

③ 正文的写法：在称谓下一行空两格写介绍信的内容。内容包括持介绍信人的姓名、职务和同去人数等。再写接洽商办的事项。

④ 结语的写法：写上祝愿或表示敬意的话，如："此致敬礼"、"顺致敬意"等，也可以写希望对方配合工作的"请予接洽"等。

⑤ 落款的写法：署名，在结语的右下方署上开具介绍信的单位名称，并加盖公章。署名的下一行，写上介绍信开出的具体年、月、日。

重点二：介绍信双重作用

介绍信是用来介绍联系接洽事宜的一种应用文体。它具有介绍、证明的双重作用

关键特点：凭证性

重点三：证明信的严肃慎重

● 写证明信一定要严肃慎重，对被证明的人或事要有确实的、清楚的了解，要实事求是，言之有据

● 如有涂改，单位出具的证明信一定要在每一涂改处加盖公章，个人出具的证明信要在涂改处加盖私章

开介绍信的逸事

有一次，法国革命家康斯坦丁·沃尔涅拜访美国总统乔治·华盛顿。沃尔涅为了获准周游美国各地，请求总统开一张介绍信，华盛顿想：不开吧，让沃尔涅碰个钉子；开吧，又叫我为难。于是他在该开介绍信的纸上写道："康·沃尔涅不需要乔治·华盛顿的介绍信。"

这一部分一定要写清楚，以便让对方了解持介绍信人的情况和身份后配合工作

双联有存根填表式的介绍信，还要注意有效期限。存根是供本单位必要时查考用的，内容需要与被介绍人持有的一联一致

商务应用文写作

小贴士

介绍信的写作要求

- 写明被介绍人的真实姓名、身份。
- 接洽联系的事项要写得简明扼要,与所要联系、商洽的事情无关的内容不要写到介绍信中。
- 向对方提出要求时语气要谦和,一般使用"请接洽"、"请予协助"等,不能使用"应该"、"必须"等带有命令性口气的词汇。
- 书写要工整,不能任意涂改,否则,对方可以不予接待。
- 单位名称要用全称或规范化简称。
- 双联有存根填表式的介绍信要有编号和骑缝章。

证明信的写作要求

- 内容必须真实
- 语言简明、准确。证明信表述要清楚,用词恰当,不能模棱两可,含糊其词
- 证明信要盖章,表示负责,否则无效。要留有存根,以备查考。证明信邮寄时,应予登记,并挂号寄出,以免遗失

个人出具的证明信

必须有证明信书写人所在单位的签署意见:①简要介绍证明人的身份、职务、政治面貌,以便对方鉴别证明材料的真伪与可信度。②对证明材料表态。如熟悉所证明的材料,可表示明确的肯定或否定的态度,如不熟悉,可写"仅供参考"等字样。③署上单位名称和日期并加盖公章

B. 证明信

证明信的结构一般由五部分组成:标题、称谓、正文、结尾、落款。

① 标题的写法:第一行居中位置写"证明信"或"证明"。

② 称谓的写法:在标题的下一行顶格写收信单位名称。

③ 正文的写法:在称呼的下一行空两格起写,要根据对方的要求,写清证明的内容。如果是证明经历的,要写清被证明人主要经历的时间、地点和所担任的职务。如果是证明事件的,要按事件发展的顺序写清时间、地点、参与者的姓名及其在此事件中的地位、作用以及事件的前因后果。

④ 结语的写法:在证明信正文的下一行顶格写"特此证明"。

⑤ 落款的写法:在结尾的右下方署上写证明信单位的名称并加盖公章。个人写的证明信署上个人的姓名并加盖个人名章。在署名下一行写上具体的年、月、日。

(3) 实例示析

示例一:(填写式介绍信)

参考样式

介绍信(存根)

(2010)字第5号

　　兹介绍网络管理部秦小芹等贰人,前往南京大学软件研究所,联系网络管理的更新技术支持方案,请予接洽。

上海寄生虫病研究所(公章)

2010年3月19日

有效期5天

(加盖骑缝章)

介 绍 信

(2010)字第5号

南京大学软件研究所：

　　兹介绍我研究所网络管理部秦小芹等贰人，前往你处联系网络管理的更新技术支持方案，请予接洽。

　　此致

敬礼

上海寄生虫病研究所(公章)

2010年3月19日

有效期5天

案例简析：

　　这是一份事先印制的介绍信，用时只需填上相应内容即可。在填写时，除了介绍前去南京大学软件研究所商谈工作的秦小芹外，还介绍了她的工作部门。相信对方单位一定会派出适当的人与之接洽。

示例二：(普通介绍信)

参考样式

介 绍 信

徐汇区天平警署：

　　我校学生处教师王璨，前去你署办理我校学生集体户口等有关事宜。

　　望接洽

上海时代职业学校(公章)

××××年3月19日

案例简析：

　　这种介绍信虽是手写式样，但内容与前一种相比，不外乎介绍前去办事的人和需要对方配合办理的事项，文字简短而概括，办事内容明确，一目了然。

示例三：(单位开具的证明)

参考样式

证 明 信

蓝湾房产销售公司：

　　姜娴灵同志，女，1990年8月2日生，于2006年7月考入我校专修统计专业，后因身体原因休学一年，休学期间该生自修完当年的全部课程，并于2010年9月取得在校期间的全部学分。由于手续原因毕业时未能发给毕业证书，现即将补发。

特此证明

建安职业技术学校(公章)

2010年11月20日

商务应用文写作

这是一份单位开具的证明,除了写清被证明人在校期间的学习时间和经历、未正常取得毕业证书的客观原因外,也写了被证明人的出生年、月、日,以此证明此人的身份和学习经历相符合的真实性和可靠性。

示例四：(个人开具的证明)

参考样式

证　明

羽飘制衣公司：

　　房昕渊小姐,1988年6月8日生,我在东方职业技术学校(现已拆并)的同学,学习期间我们合作设计了很多习作,我主要设计图稿,由她负责设计制作成衣。2006年由我们共同设计的健身服装曾获得上海市中学生健身服装设计一等奖。

特此证明

　　附:2006年上海市中学生健身服装设计一等奖奖状和作品照片

东华大学学生：梁燕(章)
2010年12月9日

　　梁燕同学,1988年4月11日生,是我校服装设计专业2009级的进修生,学习努力,成绩优秀。

东华大学学生处(公章)
2010年12月20日

案例简析：

由于母校拆并,学生合作作品得奖的情况学校无法证实,因而房昕渊只能请当时的合作者(现为东华大学学生的梁燕)写一份证明材料。不仅写明了共同获奖的情况,而且还写了当时两个人的合作分工。这份证明信不仅将获奖证书和照片作为附件,还请东华大学学生处对证明人的情况进行了简单介绍。

(4) 写作步骤

① 确定写作目的并选择相应的证明材料;

② 构思写作框架;

③ 依次反映写作材料;

④ 核对说明要点与禁忌事项;

⑤ 修改文书,整理并美化版面。

(5) 复习与训练

体验活动一：学校艺术节,舞蹈团的同学排练了一个舞蹈节目,将在闭幕式上演出。为了使演出效果更好,舞蹈团的同学准备去市文化宫和兄弟学校的舞蹈队借用演出服装。

活动要求：请代表学校团委开两份介绍信,以便同学联系相关事宜。

提示：这个材料中事件很明确。首先要选择介绍信这个文种。但这里还有一些所需信息是缺损的,需要写作时用合理的想象来补充,比如派谁去、兄弟学校的名称等。

体验活动二：李沿沿是某校学生会干部,某天,他代表学生会在优优文具店买学代会用的文件夹和记录用笔。参加学代会的学生代表约有七十人,他花去了人民币一百多元。但是,当他第二天去学校报销这笔钱时,却发现发票留在了昨天的衣服口袋里,而衣服已经被妈妈洗掉了。

李沿沿应该怎么做才可以顺利报销呢?

活动要求:根据所给材料,选取适当的信息并作一定扩充,撰写一份专用书信。

提示:在这样的情况下,李沿沿需要去优优文具店,请营业员帮忙复印发票的存根,还要请他写一份证明信。注意写的时候需要补充信息(如:购买的确切时间和金额),而丢失的过程则可以省略。

4.求职信(推荐信、辞职信)

(1)文种常识

求职信是求职者向招聘单位介绍自己的情况、表达求职意愿的专用书信。求职信的内容应紧紧围绕求得对方的了解、理解和同意录用的目的而取舍,正文必不可少地要写明自己与招聘职位相关的学历、经历、技能特长,甚至性格特征、求职心情、工作态度等,这些内容要按一定的逻辑层次关系排列,疏密有致、简洁而清楚地表述给用人单位。求职信的语言要求是平实而略有文采。

由于求职信集介绍、自我推销于一文,因此它具有履历性、针对性、真实性、沟通性等特点。

(2)写作指要

求职信的结构一般由标题、称谓、正文、结语、落款和附件等六部分组成。

① 标题的写法:第一行居中写标题"求职信"三个字。

② 称谓的写法:如果不知道用人单位主管者的姓名,可直接写上与单位、部门相称的主管者的职务称呼,如:"人事部部长"、"营销部经理"等,也可在职务前写上"尊敬的"等修饰语。

③ 正文的写法:开头,介绍自己的身份和写信目的;主体部分,推销自己的优势或长处;最后简单写写获得这个职位后的打算,这是求职信的重点,要写得紧凑、合理。具体写明自荐目标,简述选择对方单位的理由,重点介绍自己求职的各种有利条件(尤其是与岗位相关的职业能力),以引起对方的注意与兴趣。结尾要写得非常简洁,一是可以再次强调自荐的目标和希望对方给予答复的期盼;二是告知对方自己的电话、通信地址和联系方式等。

④ 结语的写法:即写上表祝愿或敬意的话,一般在正文下一行空两格写"此致",再另起一行顶格写"敬礼",也可写"顺祝业祺"等字样。

重点一:为何说求职信是求职人的第一张脸

因为求职信可以向招聘单位展示你的鲜明面貌:

- 你与人沟通的能力
- 你的经历和资历
- 你的职业化能力
- 你的性格要素
- 你是否注重细节(求职信中有无写、印或其他错误)

重点二:动笔之前须考虑的五个问题

问题1 我的目标是什么?

获得一次面试的机会,进而获得这个具体的职位

问题2 招聘单位需要的是什么?

对期望得到的职位,我什么样的技能、知识和经历最重要

问题3 我的优势可以起到什么作用?

我所列的优点应该就是招聘广告上需求的

问题4 怎样证明我的经历与应聘的职位有关?

举两个我曾获得的成就,它们能证明我的优势

问题5 我对招聘单位的了解有多少?这个职位是我需要的吗?

他们的产品、服务、企业文化等一切与我的背景、价值观和目标一致

重点三:写作要领

称谓要恰当;开头要吸引;主体多特点;结尾合口味;态度应诚恳;措词须真实

商务应用文写作

⑤ 落款的写法:署名写在结尾右下方,手签时,署名要端正、清楚,不能写得龙飞凤舞,使人难以辨认。署名下一行写日期,要把年、月、日写全。

⑥ 附件:一般包括个人简历,所学专业课程一览表,各科成绩表,各类获奖证书和有关证件,发表的论文、论著,学校有关部门的推荐意见,以及教授、专家的推荐信。附件的作用有时比求职信本身更大,千万不可忽略。

应该说,求职信的格式不难,真正可以起到作用、吸引招聘单位的是它的内容。所以,学习本章节时,请注意求职信内容的写法。

(3) 实例示析

示例一:(求职信)

参考样式

求 职 信

尊敬的人事部部长先生:

　　我从《经济日报》的招聘广告中获悉贵酒店欲招聘一名经理秘书,特冒昧写信应聘。

　　两个月后我将从工商学院酒店物业管理系毕业。我身高1.65米,相貌端庄,气质颇佳。在校期间系统地学习了现代管理概论、社会心理学、酒店管理概论、酒店财务会计、酒店客房管理、酒店前厅管理、酒店营销、酒店物业管理、物业管理学、应用写作、礼仪学、专业英语等课程。成绩优秀,曾发表论文多篇。熟悉电脑操作,英语通过国家四级,英语口语流利,略懂日语、粤语、普通话运用自如。

　　去年下半学期,我曾在深圳五星级酒店客房部和推广部各实习了一个月,积累了一些实际工作经验。我热爱酒店管理工作,希望能成为贵酒店的一员,和大家一起为促进酒店发展竭尽全力,做好工作。

　　我的个人简历及相关材料一并附上,如能给我面谈的机会,我将不胜感激。

　　联系地址:广州工商学院酒店物业管理系510507

　　联系电话:139××××234

　　此致

敬礼

这里,别忘了留下自己的联系方式,否则哪怕招聘单位想要你,也无法找到你

　　　　　　　　　　　　　　　　　　求职人:王以渐

　　　　　　　　　　　　　　　二〇一〇年五月八日

求职信"八要八忌"

凝练精干,忌长篇大论;
充分展示,忌过于粗略;
层次分明,忌条理混乱;
实事求是,忌虚假夸张;
诚意仔细,忌错漏百出;
书写工整,忌潦草不清;
朴素平实,忌生僻花哨;
直奔主题,忌离题万里

案例简析:

　　这份求职信不仅写了求职人学习专业的情况,还强调了他曾经在五星级酒店实习的经历,甚至提到了相貌气质和语言能力,以此恳请给予面谈的机会。

示例二：(求职信)

求 职 信

尊敬的领导：

　　我于2010年8月毕业于国家级重点中专上海市××学校财会专业。在校四年中，我牢固地掌握了商品流通企业会计、工业会计、股份制会计、预算会计、涉外企业会计等各类会计的理论知识以及审计、统计、市场营销等方面的知识，各门功课的成绩均名列前茅（见后附成绩单），年年获奖学金，四年中被评为校级三好学生三次、市级三好学生一次。在专业技能方面，珠算等级测试已通过了能手二级，计算机汉字录入每分钟达180字以上，电脑操作已掌握了基础知识，并能应用。我还在课余时间自学大专课程，现已顺利通过了会计学大专考试的8门课程，另有4门也即将在今年内参加考核，我有信心能顺利通过。

　　我积极参加社会活动，担任班级生活委员、团支部书记，具有较强的独立思考能力、组织能力和宣传发动能力。本人与人为善，对人以诚相待，在同学中有良好的人缘和一定的威信。

　　值此就业应聘之际，我诚恳地接受贵公司的选择。若能被贵公司录用，我将在勤学中完善自己，在实干中使自己更加成熟。

　　此致

敬礼

求职人：关小力

二〇一〇年九月三日

联系方式：上海市××区××路200号H4-1001室（200060）

电　话：65××××02

案例简析：

　　这份求职信最吸引招聘单位的是这位毕业生的各科成绩名列前茅和学习期间所获得的荣誉。作者在主体部分，用闪光点推销自己的优势和长处，最后简单写获得这个职位后的打算。整篇语言简洁利落，结尾的语气十分诚恳。

小贴士

恰到好处地利用闪光点宣传、推销自己

　　若书法不错，可以手写求职信，能充分展示书法水平；若文章写得好，介绍自己时可充分利用文采；若专业与招聘岗位相符，可充分显示自己较深的造诣；学生时期是干部、党员等等，可以成为亮点；若是俊男或靓女，可选取自己的精彩照片贴上去，甚至写明身高、体重。

示例三：(推荐信)

推 荐 信

尊敬的秦漾棱经理：

　　贵公司在您的运筹之下，雄图大展，可喜可贺。近闻贵公司为扩大业务，拟重新装修营业大厅，不知此工程是否已有托付。我公司下属装潢设计所集设计、施工于一体，技术力量雄厚，建所两年来已延揽数十项工程，均以质量上乘、价格优惠、信守合同而深受用户好评。贵公司如将此次营业大厅装修工程交由该所承担，必将大有益处。如蒙允诺，不胜感激。余言改日面叙。

顺致

业祺

向其轩

××××年9月20日

示例四：(辞职信)

参考样式

辞 职 信

尊敬的人力资源部经理：

由于家庭和个人原因，我经过深思熟虑，决定辞去我目前在公司所担任的职位，我知道这对于您来说，可能是较难以作决定的事情。

我考虑在递交辞呈之后的2—4周内离开公司，这样您将有时间去物色合适人选来填补这个岗位空缺，同时我也能够协助您与新人进行规范的交接，使工作得以正常运转。如果您觉得我在某个时间段内离职比较适合，请给我一个建议并尽早告知我。

尽管迟早要离开这里，但我仍珍视在公司的这段经历，我会怀念和大家一起的日子，并确信这段经历和经验将成为我宝贵的人生记忆。

黎 威

××××年3月16日

(4) 写作步骤

① 确定求职、推荐或者辞职的目的并选择相应的表述材料；

② 根据求职、推荐或者辞职的不同要求构思写作框架；

③ 围绕主旨把握语言、语气，有所侧重地反映写作材料；

④ 核对要点与禁忌事项，特别注意要留下联系方式；

⑤ 修改文书，美化版面。

(5) 复习与训练

体验活动一：佳捷体育用品有限公司成立于1999年，总部设在上海，在全国各地都设有分公司，还有下属的健身中心，是一家经营各种体育用品和推广体育健身活动的企业，除了在设计和推广体育器械外，它在健身理念方面也很有特色。

2010年春季，该公司参加了全国人才招聘会，接受与会毕业生的求职资料……

活动要求：以小组为单位进行活动。假设该公司是你们体验小组的各位同学都向往已久的企业，而你们也都很需要这份工作，请根据每个人自身的优势、特点和所给材料，各自撰写一份求职信。

提示：抓住各自的关键信息组织文章结构，围绕说明重点，注意行文礼节和语气。

体验活动二：通过体验活动已经知道，佳捷体育用品有限公司是一家经营各种体育用品和推广体育健身活动的企业。

体验小组的各位同学现在是该公司人力资源部的同事,在2010年的春季招聘会上,接到了很多应届毕业生的求职信,招聘会后,人力资源部汇总了各类学生的资料并比较他们的具体情况……

活动要求:仍然以小组为单位进行活动。根据本公司招聘的职位需求,请各位"同事"仔细比较各位毕业生的求职信(前一体验活动的写作结果),谈谈对于招聘单位,怎样的求职信更加富有吸引力。

提示:在仔细阅读和比较"体验活动一"的写作结果的基础上,对各位同学的求职信进行比较。

体验活动三:仔细阅读并体会求职信、推荐信和辞职信的写作方法,比较其相同及不同点,然后概括出推荐信和辞职信的写作要领。

活动要求:在老师指导下进行。

5．申请书

(1) 文种常识

申请书是个人或单位、集体因某种需要,向领导或组织表达愿望,或提出有关请求事项的专用书信。申请书的使用非常广泛,加入组织、开业、调动、住房、出国探亲或留学、个人或单位有特殊困难希望组织帮助解决等,均可以申请书的形式提出。

(2) 写作指要

申请书的结构一般由五部分组成:标题、称谓、正文、结尾、落款。

① 标题的写法:有两种写法。一是直接在申请书的首行正中写上"申请书";另一种根据申请的事项和目的,标明具体的名称,在申请书的首行正中写上"××申请书"字样,如:"入党申请书"、"住房申请书"等。

② 称呼的写法:写接受申请者的名称,既可写有关的机关、组织的名称, 也可写有关领导人的姓名, 如:"××团支部"、"××学校"、"×××校长"等。

③ 正文的写法:包括申请事项、申请理由、申请人的态度三个部分。申请事项要开门见山、清楚明白地提出。申请理由要充分、肯定,抓住要点,突出重点。申请人态度应根据申请的事项,向所申请的组织或领导明确表态或提出诚恳的希望和要求。

④ 结尾的写法:视具体情况而写,或写表示祝愿、敬意的话,或写表示感谢的话,如:"此致敬礼"、"请接受我衷心的感谢"等。

⑤ 落款的写法:在结尾的右下方署名写申请人姓名,下一行再写日期,即提出申请的具体年、月、日。

(3) 实例示析

> **三种不同的申请书**
>
> **参加某一组织的申请书**:要求参加某一社会团体、党派而写的申请书,如:入党申请书、入团申请书等
>
> **要求解决问题的申请书**:请求调动工作、申请住房、申请出国留学、探亲等而写的申请书
>
> **要求某种权利的申请书**:要求申请专利、领养子女、注册商标等而写的申请书

参考样式

申 请 书

共青团××委员会:

　　在团组织的培养以及老师和同学的帮助下,通过学习团的章程,我认识到:中国共产主义青年团是先进青年的群众组织,是学习共产主义的大学校,是中国共产党的得力助手,青年人要更好地学好马列主义、毛泽东思想和现代科学文化知识,把自己培养成

商务应用文写作

为有社会主义觉悟的有文化的劳动者,就应该加入中国共产主义青年团。

因此,我特申请加入中国共产主义青年团。我入团以后,决定做到:坚决执行团的决议,遵守团的纪律,按时交纳团费,积极参加团的工作。同时加倍努力学习马列主义、毛泽东思想和现代化科学文化知识,认真完成组织交给我的各项任务,处处起模范带头作用;同一切违法乱纪行为作坚决的斗争;认真开展批评与自我批评,随时坚持真理,改正错误,为祖国的四个现代化建设贡献自己的一切力量。

请团组织进一步考验我,并在条件成熟的时候,批准我的请求。

此致

敬礼

申请人:金晓蓝

二〇××年六月五日

案例简析:

这是一则要求加入共青团组织的申请书,全文分为三段。第一段谈对团组织性质的认识,第二段谈入团理想,第三段表示要求加入组织的态度。格式符合写作规范。

(4)写作步骤

① 确定申请主题;

② 构思写作框架;

③ 有所侧重地反映写作材料;

④ 核对要点与润色措词;

⑤ 修改文书,美化版面。

(5)复习与训练

体验活动一:学生记者团是南方职业学校的特色社团。新生冯海入学后知道那里有丰富多彩的活动,觉得自己能在其中发挥一技之长,就想加入该记者团。

活动要求:根据自己对学生记者团的了解,组织材料,构思并撰写这则加入学生记者团的申请书。

体验活动二:学校将对部分家庭困难的学生发放冬令补助救济金,金额有100至300元不等。市场营销074班的张俊因家庭经济困难而想申领一份补助金。

活动要求:请代张俊同学撰写这份申请书。有关申请的条件和理由,请根据日常了解的知识酌情补上。

6.催款函、索赔函

(1)文种常识

A. 催款函

催款函是一种催交款项的文书,是交款单位或个人在超过规定期限,未按时交付款项时使用的通知书。其主要作用是:

① 查询:催款函可以及时了解对方单位拖欠款的原因,沟通信息,以便采取相应的对策和措施,协调双方的关系。

② 催收:债权方为了加速资金流动以及合理周转,扩大再生产,会对债务方有意或无意拖欠付款的行为采取催款措施。通过催款

小贴士

催款函的两种形式

① 便函式:

以信函的形式写作。

② 表格式:

人们在长期实践基础上约定俗成的固定表格,使用时直接填写即可。

商务应用文写作

函可以及时追回拖欠款,尽可能减少或避免经济损失。

③ 凭证:如果由于拖欠付款给债权方造成了实际经济损失,催款函又可以起到记载凭证作用,即当催款单位在向有关方面提出追查对方的经济责任时,催款函可以作为一种有力的凭证。

B. 索赔函

索赔函是指买卖中的任何一方,以双方签订的合同条款为根据,具体指出对方违反合同的事实,提出要求赔偿损失或维护其他权利的书面材料。

在商业活动中,买卖双方必须在签订了合同以后,各自逐一地履行所签订的合同条款,待全部履行了合同条款,才算完成了交易。如果其中的任何一方因违反合同某些条款的行为,而给另一方带来了经济损失,那么受损失的一方提出赔偿要求或是提出其他的主张和权利,这种行为就称为"索赔"。

索赔函是商务活动中处理纠纷时非常重要的文书。商务纠纷原因繁多,情况也比较复杂,业务性、政策性都很强,有时甚至要涉及各国的商业法律及国际上的一些习惯做法。但不管何种原因,对方如有违反合同的行为,我方的索赔不仅要及时地提出,而且还要不断地通过函电进行交涉、协商,澄清事实,催促对方尽快地解决。从这个意义上讲,认真撰写索赔函,也是一项维护权益和信誉的重要工作。

索赔应该本着公平合理、平等互利和实事求是的精神来进行。不仅要了解有关的法律、仲裁等情况,而且要了解货物的运输、储存,以及检验手续和公证行为等情况,做到"情况明、是非清,对象准",克服盲目性。索赔必须严格按照合同条款办事,注意索赔的有效时限和合法的凭证问题。索赔的纠纷,应以争取友好协商解决为主。所谓友好协商,是指在争议发生后,由双方直接用函电的方式进行磋商,达成和解,消除纠纷。但是,如果争议所涉及的金额巨大,双方都不肯作出太大的让步;或者一方故意毁约,态度恶劣,根本没有协商解决问题的诚意;或者双方经过长时间的反复协商,无法达成和解的协议等,这时,就必须诉诸法律,以法律的判决来进行强制性的解决。

(2) 写作指要

A. 催款函

催款函的结构一般由五部分组成:标题和编号、催款和欠款单位的名称和账号、催收内容、处理意见、落款。

① 标题和编号的写法:如果催收的是紧急的款项,可在标题前写上"紧急"二字。标题一般要注明编号,以便于查询和联系,并且一旦发生了经济纠纷而走上法庭时,它也是一份有力的凭证,有的也不编号。

② 催款和欠款单位的名称和账号的写法:催款函要清楚、准确地写上双方单位的全称和账号。必要时,要写明催款单位的地址、电话及经办人的姓名,若是银行代办催款的,还必须写明双方开户银行的名称及双方账户名称和账号。

③ 催收内容的写法:这是催款函的主体部分,应清楚、准确、简明地写出双方发生往来的

索赔和理赔
遇有对方向我方提出索赔的,在弄清确实是我方的责任时,应该合理地对外进行理赔

索赔理由
质量低劣
数量短缺
包装不善
运输拖延

催款函写作要求
1. 态度和语言
写作态度不卑不亢;
语言简洁,不必客套;
用词有分寸,不恐吓谩骂
2. 主题和内容
查因是手段,催款是目的;
事项清楚,毫不含糊;
言之有据,合情合法;
处理意见切实可行
3. 结构和篇幅
开宗明义,直奔主题;
一般不分段,只写欠款原因、款项数额、欠款凭证、还款期限,以及处理意见等

商务应用文写作

原因、日期、发票号码、欠款的金额及拖欠的情况,以便使收文单位明确情况,及时地交款。

④ 处理意见的写法:催款方在催款函上提出处理办法和意见。这种意见一般都是从以下三个方面予以说明的:

- 要求欠款户说明拖欠的原因;
- 重新确定一个付款的期限,希望对方按时如数交付欠款;
- 再次逾期不归还欠款将采取的罚金或其他措施。

⑤ 落款的写法:写明催款单位的全称,并加盖公章,然后注明发文日期(必须写明年、月、日,不能只写月、日)。

B. 索赔函

索赔函的结构一般由六部分组成:标题、编号、受书者、正文、附件、签署。

① 标题的写法:标题的形式比较灵活,既可以根据实际情况写成包括索赔事由和文种的完全标题样式,如:"关于××的索赔函",也可以简明扼要地写成不包括索赔事由而只写文种的简单标题形式,如:"索赔函"。

② 编号的写法:编号是为了联系与备查用,写在右上角。一般由年号、代字、顺序号组成。

③ 受函者的写法:写受理索赔者的全称。

④ 正文的写法:由缘起、索赔理由、索赔要求和意见等部分组成。

- 缘起:提出引起争议的合同及其争议的原因;
- 索赔理由:具体指出合同项下的违约事实及根据;
- 索赔要求和意见:根据合同及有关国家的商法、惯例,向违约方提出要求赔偿的意见或其他权利。

⑤ 附件的写法:为解决争议,以有关的说明材料、证明材料、来往的函电作为附件。

⑥ 签署的写法:要写明索赔者的所在地和全称及致函的日期。

(3) 实例示析

示例一:(催款函)

参考样式

催　款　函

(2009)×字第×号

梦知公司财务部负责同志:

　　贵公司于2008年10月2日购买我公司办公家具的货款,计金额为5000元(发票编号0983327)。该货款至今未汇入我公司,影响了我公司资金的周转。接到本通知后,请在15日内进行结算,逾期按银行规定加收十分之二的罚金。

　　如果有特殊情况,则请及时与我厂财务科张林教先生联系。我厂地址在成都小马路65号,电话87696547,汇款账号1082686510001,开户银行是招商银行成都分行小天支行。

　　特此专函

琏嘉办公用品有限公司(公章)
2009年12月1日

案例简析:

　　催款函的主要目的是催促欠款单位(或个人)迅速交付货款。本文态度鲜明,语言简洁利落,不含糊其词。文中涉及的数字、证据、日期、账号等内容具体清楚。这样做的目的是为了准确无误、万无一失，以免引起新的争端。

示例二：(索赔函)

参考样式

关于镀锌铁皮品质索赔函

编号：××年×字第×号

×国BEELY金属公司：

  贵公司型号R3—E865D镀锌铁皮由"斯帕马海员"轮装运，于××××年3月9日到达大连港，共计2300吨。经我商品检验局从中任取20%件数，逐张进行检查，发现每张镀锌铁皮板的底面，顺着轧制方向，有贯通整张板面的划痕10至20条，断续划痕50至60条，深度为2至6微米。有的还有穿孔、露铁、破边和锌块粘结等情况(见照片)。

  根据检查结果来看，该批镀锌铁皮的缺陷，实系生产因素造成和发货前造成，其品质与合同规定的标准不符。应贬值15%，合×元，商检费×元，共计应赔偿×元。见信后，请迅速处理。

  候复

  附件：商检证书连(21)第×号正副本各壹份。

中国××进出口总公司

××××年3月19日

案例简析：

  本文开宗明义，直接将索赔原因提出，并具体写明商品检验中发现的镀锌铁皮划痕、穿孔、露铁、破边和锌块粘结等质量问题，还附有照片。随后向违约方提出索赔要求和意见，并等待迅速处理的回复。语义和态度上，做到合情、合理、合法。

  (4) 写作步骤

  ① 明确商函主题；

  ② 了解商务事件的全过程并核对所发生的具体数据无误；

  ③ 斟酌措词，有所侧重地反映写作材料；

  ④ 依法核对己方处理意见是否合理、合法；

  ⑤ 修改文书，美化版面。

  (5) 复习与训练

  体验活动一： 新疆鼎盛羊绒衫有限公司与上海五鑫羽绒服公司是商务合作伙伴。后者于2009年从前者处购进各款式羊绒衫27000件，进价总值为320万元。截至2010年2月10日，五鑫公司仅付款150万元。鼎盛公司遂要求销售科长发函催要。希望在20天内将该公司欠款全部追回。

  活动要求： 请根据所给材料，合理构思一份催款函。请结合所了解的专业知识和写作知识，构思撰文。主题应清晰明确，措词简洁，毫不含糊，要合情、合理、合法。

  体验活动二： 消费者张新桥出差到××省××市期间到激浪百货股份有限公司购买了一件貂皮长大衣，价值13000元。回家后发现貂皮是仿制的。按《消费者保护条例》，如果在商家购买到假冒商品，可以退一赔一。所以张先生要给激浪百货公司写一份索赔函，要求赔偿损失。

  活动要求： 请你代张先生拟写一份索赔函。要求观点明确、叙事清楚、措词得体、有理有节、合法有据。

商务应用文写作

- 询盘信函希望了解的内容主要包括：名称、质量、价格、支付条件、货物品质、规格、数量、交货日期、可能的装运时间、售后服务等其他条款和商品细节信息。所谓规格，通常包括具体外形尺寸、单位重量、材料质地等

- 实际业务中，人们早已形成了惯例，因此询盘中大多只需说明具体产品，有些情况下只需引述产品系列号，对方即会函报相关的全套信息。询盘函并不需要面面俱到

买方与卖方处于平等的地位，因此询盘中不必过分客气。具体措词方面，询盘必须简洁、清楚、切题、具体、用词得体。询价信函的内容在表达礼貌、得体的前提下，往往开门见山

7. 询盘函、商务确认函

(1) 文种常识

从询盘到确认订购，是商务活动中的重要环节，是交易中买方购买的必经过程。

询盘又称"询价"，亦称"索盘"，是买方为了洽购某项商品而向对方提出关于交易条件的询问。一般说来，询盘是买卖双方交易磋商的开始，这个过程中往往需要双方撰写多种信函交换意见。询盘方为了解商品或货物的基本情况撰写的信函，就是询盘函。

买卖双方确立成交时，可以制定销售合同或者销售确认书、订单、购货确认书或者购货合同，也可以用函件确认成交，寄给对方，或者在回签时附上简短的成交信函，对方收到后回信确认并回签一份合同。这些都是对订货的有效确认。确认订购函意味着买卖双方的交易谈判已经取得一致的意见，买方已确定购买某项产品。

(2) 写作指要

A. 询盘函

询盘函一般包括五个部分：称谓、开头、正文、结尾和落款等。

① 称谓的写法：第一行顶格写对方单位名称。

② 开头的写法：直切主题，告知对方信息来源(说明我方如何获悉对方的名称、地址、经营范围等)、对对方何种商品感兴趣或需要购买何种商品，表明想做某种商品交易的意愿。

③ 正文的写法：说明写信的目的，表示我方希望做的事情，即与对方建立业务关系，与对方进行商品交易，或得到对方在某事上的合作；说明希望对方为我方做什么具体的事情，如：提供有关商品的价格、规格及装运等信息。

④ 结尾的写法：强调主题并请对方尽快回信反馈所需要的信息、资料，表达希望对方及早回复的愿望。

⑤ 落款的写法：在正文下一行右侧写上询盘单位名称(加盖公章)和日期(具体年、月、日)。

B. 商务确认函

商务确认函一般包括四个部分：称谓、正文、结语和落款。

① 称谓的写法：第一行顶格写卖方单位名称或者对方单位的经办人和职务。

② 正文的写法：商务确认函中涉及的原则与有关问题，例如订货函中要注意重复对方合同中的主要内容(包括特定商品的名称、货号或者目录编号、质量要求和规格、订购数量、价格以及价格条件等)，告知收到或寄去的合同编号，强调支付货款要求，并注明附件。

③ 结语的写法：表达对寄去合同予以回签或继续合作等的

愿望,用"此致敬礼"等作结。

④ 落款的写法:下一行右侧写上询盘单位名称(加盖公章)和日期(具体年、月、日)。

(3) 实例示析

示例一:(一般询盘函)

敬启者:

　　我们从"中国贸易指南网"上了解到贵公司出口家用电器。

　　本地对这个门类的高端产品需求旺盛,如蒙寄来贵公司产品目录、各个出口型号的价格等细节资料以及支付条款,我方将不胜感激。盼回复。

　　谨上

××公司(章)

××××年×月×日

案例简析:

　　所谓"一般询盘函",是指与一般询问相近甚至相同的信函,所提要求并不具体。为了保持本书体例的完整,故此列出。

示例二:(国外进口商询函)

敬启者:

　　从《中国日报》广告栏得知你们是一运动服生产厂家。运动服是我们所经营的商品。本地区对高质量、价格公道的运动服有稳定的需求,请寄给我们一份带插图的商品目录,说明成本、保险费加运费蒙巴萨港口价以及付款条款的详细情况。

　　若能同时寄来样品我们将十分感激。

　　希望这是长期互利关系的良好开端。

　　此致

敬礼

××公司(章)

××××年×月×日

案例简析:

　　本例说明了进口运动服装的意愿,不仅索要带插图的商品目录,还要求提供详细的成本、保险、运输等价款及付款方式,并进而要求最好能提供样品。这些都表现出异地进口商的谨慎和规范。

商务应用文写作

示例三：(确认订购函)

××先生：

就贵我双方1000辆山人牌自行车贸易之事，现随函附上有关的电子邮件副本及第876号销售确认书一式贰份。

烦请连署确认书副本，寄回本公司以便存档。

望继续合作。

附件：(一) 电子邮件副本
　　　(二) 第876号销售确认书一式贰份

　　此致

敬礼

××公司(章)

××××年×月×日

案例简析：

本商务确认函首先明确订购事项内容，然后强调合作意愿，最后是将合作文本附给对方签署(含盖章)，从而完成对该项贸易的前期有关准备工作。

(4) 写作步骤

① 明确商函主题；

② 措词表明意愿，态度清楚无误；

③ 语言简练朴实；

④ 附上回签文件；

⑤ 修改文书，美化版面。

(5) 复习与训练

体验活动：上海××羽绒服公司听说内蒙古××羊绒衫有限公司的羊绒衫在上海很得消费者青睐，就打算与其建立商业合作伙伴关系，代销其羊绒衫产品。于是发函了解合作的可能性和合作方法。

内蒙古××公司接到上海××公司的商询函后，欣然同意，就发函确认。

活动要求：请根据所给材料，合理组织，分别构思一份商询函和一份商务确认函。要求主题清晰明确，两份商务函件具有彼此呼应的关系，措词简洁得体。

8. 电子邮件

(1) 文种常识

现代人，尤其是青年人很少有不会使用电子邮件的。但电子邮件只是一种通讯手段，并不是独立的文体或文种。从分类上看，电子邮件与本书介绍的各种文本格式并不相属，它是沟通方式和业务内容的结合。本书介绍的大多数种类的应用文，都可以采用电子邮件发送或者接收。

(2) 写作指要

由于电子邮件应用软件的趋同，邮件的格式通行各国，简单明了。有时，写电子邮件就像填写表格一样方便。

电子邮件的结构一般有以下几部分：收件人、抄送(暗送)、主题、

> 电子邮件地址的常见写法是小写，但用大写亦可传送出去。键入地址时要格外小心，即使错一个小点，也可能误传他人

商务应用文写作

附件、正文等。

① 收件人：电子邮件的收件人，实际上就是收信人的电子邮件地址，并不一定是其真名实姓。电子邮件地址由三个部分组成：

用户名@栏目服务器

或　**部门或企业的名称@域名或国名代号**

例如：lixiangyang@hotmail.com

② 主题：电子邮件的主题也就是通常意义上的"标题"。主要作用是让收信人一打开信箱就能看到不同邮件的大概业务范围、是否是老客户、可能来自哪个国家、是需求还是推销、是商品还是服务、是重要信息还是垃圾邮件等等。如果没有主题，你的电子邮件不太容易得到及时的查阅和反馈，甚至有可能被当作垃圾邮件而清除掉。

③ 抄送（暗送）：电子邮件的抄送（暗送），性质上等同于普通商业信函中的副本转送。收信人和副本收取人可以是不同的人，也可以是同一个人的不同邮件信箱。暗送功能与"抄送"相近，但使用抄送功能时，收件人知道发信人将此信抄送了谁，而使用暗送功能时，收件人无法知道发信人是否使用了暗送功能以及暗送对象是谁。

④ 附件：几乎所有的电子邮件软件都有"附件"功能。发件人可以把文件、图片、经过处理的表格，甚至整套程序都附加在电子邮件里，随同邮件一并发送，但是网络会限制这个附件的大小。这种功能与普通商务书信所附的"附件"作用相同。利用这个功能时，最好能在正文中提示对方下载，或者简介附件的内容。

⑤ 正文：这部分的撰写与普通纸面信函并无很大的不同，它是邮件的主体，要给对方说的话都写在这里。一般都以相应的问候语开始，阐述要告知对方的内容，然后以适当的结束语作结。很多时候，电子邮件代替不了传统邮件，向对方表达的主要内容有时需要另外用传统的航空邮寄、特快专递送达。日期不用写，因为电邮软件会自动生成。

⑥ 回复：要针对对方来信中的问题作答复，如果另外有话要说，最好另写一份电子邮件。但大多情况下，回复别人的电子邮件并不需要另行建立新文件，而是可以利用电子邮件软件的"回复"功能（直接点击相应的键）。这个功能可以帮助摘录来函中的相关原文，回复主题也会自动在对方的主题词前加上"回复："或者"RE："。

(3) 实例示析

示例一：
　　　　　　　　　　　　　　　　　　参考样式

寄件人：wewehua@21cn.com
收件人：ttt-kitty12@sina.com
抄　送：ttt-kitty12@hotmail.com
暗　送：无
日　期：Sun, 27 Jul 2010 11：30：51 +08：00

发送之前应当注意审查待发邮件的主题是否写了，是否恰当，是否引人注目，是否能够向对方表明你的特征以及邮件信息的性质

为了保证对方能够收到你的电子邮件，利用不同的信箱向同一个人发送同一封电子邮件是个好办法

如果写信人希望收信人能使用自己已经写好的文章和其他文件直接进行修改，以节省对方重新录入文件的时间，完全可以利用电子邮件的附件功能

有时，电子邮件的正文仅仅是一份附信，只起一个提醒对方注意查收普通邮件或者电子邮件附件的作用

回复功能能节省时间，减少写信人和收信人查找原件的麻烦

主　题：你看这个移动硬盘好吗

凯笛：

　　你好！

　　昨天我回到商场以后，就给你去打听移动硬盘的事情，但是这里的价格都太贵，跟你的价位不符。好在他们网上有直销商店，而且外壳的颜色也多，我在附件里给你发去了图片和联系方式，你挑一款，价格直接跟他们谈好了。

　　我们的业务正常进行，拜托。

　　祝

安好！

魏　骅

附件：232004630135615.jpg(169.5K)

案例简析：

　　这是一封看似与业务关系不大的交往性邮件，虽然魏骅将这个邮件发到了两个邮箱，但收信人只是凯笛一人。由于对方想买一个移动硬盘，所以发信人将样品参考图片作为附件同时发送。

　　示例二：

参考样式

----------Original Message----------

From：Bern Patrician<bernpat@hotmail.com>

To：tomato@sina.com

Sent：Thursday, June 10, 2010 11:20:51PM

Subject：Re:关于货价减少5%

张先生：

　　你好！

　　我们仔细研究了贵方5月底的来函，我们两家公司业务往来多年，本该同意贵公司降低价格的要求，但困难很多。过去半年里原料成本大幅上升，若按此价很难保证产品的质量标准。我们建议所有货价减少3%，而不是5%。

　　希望贵公司考虑这个因素，一如既往发来订单。一切可以由正式的信件来往为准。

　　祝

好

班　湃

案例简析：

由于原材料市场的价格波动,使得产品的订单价格发生变化。为了商业贸易的及时进行,这是用电子邮件形式回复的一个简单的还盘信函。

但电子邮件不能作为正式的文件往来,此中特加注明。

(4) 注意事项

第一,使用电子邮件,有较之一般信函简约、随意的几个地方。

- 非特别正规的商务函件,其格式可以不刻意工整规范,如:空格、换行等。
- 落款处的日期一般都省略,因为在正文上方有"sent"的日期"年、月、日"特别注明。

第二,维护商务联系中必需的礼节,电子邮件与一般信函所遵守的规矩并无不同。

- 称呼得体

在电子邮件中要使用正式的称呼和结尾语,要像在正式的纸面信函中一样遵循礼仪惯例。首次进行商务联系时,尤其要避免使用非正式的称呼。除非对方来信对你直呼其名,你才可以等同应用。

- 信息清楚

与普通纸面信函一样,电子邮件的撰写质量是你在对方"面前"的全部存在、对方判断你的主要依据,它会直接影响到对方对你的长期印象。因此,撰写邮件时应当严肃、认真,要言简意赅地表达观点,清晰明白地阐述事实数据。一封电子邮件应当只写一个主题。如果有两件或两件以上的事情,可以用不同的主题分别写邮件。这么做是麻烦了一点儿,但是对方处理起来反而方便快捷,甚至会有两个人或两个部门的人同时因为你而忙碌,这样一来,最终受益的还是你。商业书信以简洁为佳,信息务必简明扼要;当然,不可过于简短而致使语意不明。

- 用词恰当

网络通信这种媒体赋予用户极大的自由, 但在较为正式的商业电子邮件中应该用词恰当,避免网络中的随意习惯,特别是使用缩写、符号、"行话"等。利用电子邮件进行通讯的双方很可能从未见过面,因此用词应当处处客气、得体。

- 行宽控制

电子邮件不同于纸面信函的一大特点,在于对方极有可能于在线状态下阅读电子邮件,因此编排上应当把邮件的行宽设定得小一些,段落要短,段落之间最好空一行,尽量让邮件的布局一目了然。

- 避免错误

电子邮件的通信形式更加直截了当,容易体现出发信人的个性特点,但其格式、语气和遣词造句都应当遵守一般商业书信的规则,注重文字的规范,语法、文字和标点都应准确无误。为了礼貌和慎重,对邮件也就更应该仔细检查,避免错误。

第三,电子邮件尚不能当作法律证据,关键文件使用传统的纸质邮件更加保险。

由于电子邮件是通过电脑和互联网把信息传达给别人的通信方法,因此它现在广泛应用于商务通信。电子邮件传递信息的优点,在于它比别的通信方式,尤其是纸面通信方式更快捷、经济、方便。如果网络顺畅,一份电子邮件可在数秒钟之内传遍世界各地,省却大量打印或复印纸面文件、装订、誊写信封、打包、邮寄等事务性的工作。除了可以节约大量时间和费用,有时甚至可以及时捕捉商业机会。

从发信人方面来说,电子邮件发送后,邮件依然储存在本地盘中,不作永久删除的话可以随时调用;从收信人方面而言,邮件进入邮件服务器之后,在邮箱未满以及没有技术故障的条件下可以长期保留,可以随时随地检查目录、下载信函。从这个意义上讲,电子邮件无需复印归档便可长期保存、随时复制和查询。可以说,无纸化贸易流程正是对电子邮件这种特性的系统应用。

虽然电子邮件应用越来越广泛,但在对外业务工作中,如果发生纠纷,绝大多数的电子邮件尚不能当作法律证据。所以,无论是企业的重要通知、合同协议,还是个人的劳动合同等关键文件,都尽量不要仅仅使用电子邮件,还是使用传统的纸质媒体更保险。

(5)复习与训练

体验活动:办公室主任王大明接受了公司董事长分派的一项任务:撰写本公司2009年度的全面总结。一周后,王大明完稿,遂通过电子邮件向董事长交差。

活动要求:请根据所给空格按项目分别正确填写。

用户名:_____(登陆)

_____@_____

发送时间:2010-03-23 16:09:41

发件人:_____@_____　　　　　　　　添加到通讯录　拒收

主　题:　电视访谈稿

附　件:　📄 打开:——总结(最终稿).doc　　　　　　　下载附件

该邮件包含了附件(已通过卡巴斯基杀毒引擎扫描,可安全下载)

第二节　启事、声明

一、知识概述

启事是单位或个人向公众说明事实,并希望公众协助、参与和注意的应用文。启事具有公开性、广泛告知性与求助性结合的特点,而不具约束力。启事可以在报刊上刊登,在广播、电视上播放,也可在公共场所张贴。商业启事是企业有事向公众公开说明或者请求群众协助办理的公开文告,它可以张贴在公共场所,也可在媒体上传播。

声明是国家机关、社会团体、企事业单位以及个人就某一重要问题声明立场、态度、主张或维护自己权益所发表的公开性应用文书。

> **重点一:启事的种类**
> **征招类:**征稿、征订、征婚、招聘、招工、招生、招商、招领等
> **告知类:**开业、停业、更正、更名、庆典、遗失、迁移、作废等
> **寻找类:**寻人、寻物等

二、写作指要

启事、声明一般都包括标题、正文、落款(具名和时间)三个部分。

1. 标题的写法

启事、声明的标题拟写比较灵活,可由启事者、事由、文种构成,如:"××学院招生启事"、"××起重机厂厂长××授权厂法律顾问

××律师发表郑重声明";也可由事由、文种构成,如:"招聘科技人员启事"、"遗失发票声明";还可不写文种,直接写出事由,如:"英语强化班招生"、"寻人"、"诚聘英才";比较重要或紧急的启事,可以写"重要启事"、"紧急启事"、"严正声明"等。

2．正文的写法

启事正文要写明目的、意义、原因、要求。应根据不同事由和目的决定内容的主次和详略。如:招领启事主要说明认领办法,而不详说特征;征婚启事主要说明征婚者情况及对应征者的要求;招生启事主要交待招生目的、类别、名额、报名条件、报名时间、地点以及联系人姓名、地址、联系方法等。

声明正文可视内容多少而选用条文式或贯通式,写出声明的具体内容,包括对事件的态度、立场,以及为制止事件继续发展而将采取的措施、办法。

3．落款的写法

在正文末尾右下方写明启事、声明的单位名称或个人姓名,并在其下一行写明日期。单位启事要加盖印章。如果是刊登在报纸上的启事,则可以省略时间一项,因为报纸上是有当天日期的。

重点二：声明的种类
政治类：对外声明、政府声明、联合声明(国与国之间)等
民事类：维护自身权益(如：著作权、专利权、产权等)、挂失、作废等

重点三：启事的写作要求
实事求是,准确说明;内容单一,简明扼要;语言简洁,语气恳切

重点四：声明的写作要求
事实确凿,有据可查;是非分清,有法可依;观点鲜明,理直气壮

三、实例示析

1．征招类启事

(1) 招领启事

参考样式

招 领 启 事

今有同学在本校图书馆拾到一个小拎包,内有人民币若干,其他物品数件。请有遗失者到校学生科张老师处认领。

此启

××学校学生科

××××年5月5日

案例简析：

招领启事不宜写得太具体,应留有余地,以利于认领时核实,物归真正的失主。

(2) 征订启事

参考样式

《风华正茂》杂志征订启事

《风华正茂》杂志以广大青少年,特别是中学生为主要阅读对象。它主要为广大青少年文学爱好者提供发表小说、散文、诗歌等文艺作品的机会。它是青少年的良师益友,为文学新人搭建成功阶梯。

《风华正茂》杂志每月15日出版,16开本,每期48页,每本定价4元。欢迎订阅。

《风华正茂》杂志编辑部

××××年11月20日

商务应用文写作

案例简析：

这则例文旨在扩大杂志的发行量，所以详写杂志的性质、内容、开本、定价等，以增强人们对其订阅的欲望。

(3) 征集启事

征集广告语启事

本公司是一家以生产羊毛内衣为主的国营企业，年利润连年递增15%。本着与时俱进的精神，为进一步提升企业形象，今特向全社会征集我厂羊毛内衣的品牌名称和广告标语。具体要求如下：

1. 品牌名称有新意，且能体现企业的奋发精神；

2. 广告语简洁易记，琅琅上口；

3. 凡最终录用的品牌名称和广告语，都将给予5000元奖励，同时作品的全部权益归我公司所有。

4. 未录用的作品均给予兑奖券一张，凭券购买羊毛内衣可折算100元，或者可以参加本公司组织的销售抽奖。

此启

　　　　　　　　　　　　　　　　　××羊毛内衣公司

　　　　　　　　　　　　　　　　　××××年10月3日

案例简析：

征集广告语启事也是一种征招类应用文书。其要点是交代清楚征集的内容和参加活动的办法，使人们愿意踊跃参加。

本案例征集的是商业品牌名称和广告语，这些都是企业形象的具体表现，具有很强的创意性。由于奖金额度可观，对人们具有一定的吸引力。

(4) 招聘启事

诚 聘 英 才

上海大田国际货运有限公司是经中国外经贸部、中国民航总局批准的一类货代企业。因业务扩展需要，经虹口区职业介绍所同意，特向社会公开招聘优秀人才，共创企业辉煌。

市场部经理助理：2名　　国际业务协调：5名

空运销售主管：2名　　空运操作主管：4名

具有良好的英语听、说、读、写能力，熟练操作电脑，熟悉空运、海运进出口操作流程，良好的与外代沟通协调的能力，并具有一定的客户基础及两年以上货代工作经验。

操作员：6名（具有一年以上货运操作经验，英语良好，熟练操作电脑）

报关员：2名（具有报关员资格证书，两年以上报关经验）

法律部工作人员：1名（法律专业毕业，英语四级以上，具有两年以上工作经验）

以上人员均需大专以上学历，年龄35岁以下且为本市户口，录用后实行劳动合同制。有意者请于十日内将个人履历、身份证复印件及近照一张寄至：黄浦路99号上海滩国际大厦26楼上海大田国际货运有限公司人事部(邮编:200030)。资料恕不退回。

　　此启

上海大田国际货运有限公司
××××年3月27日

案例简析：

　　征招类启事要求对招聘条件叙述具体,以便应聘者自我衡量,也有助于提高招聘工作的准确性和效率。

　　本案例叙述具体,事项交代比较周全,尤其是联系办法的注明和应聘材料的处理办法广而告之,有助于企业做好诸多善后工作。

2. 告知类启事

(1) 开业启事

参考样式

皇冠大酒店开业启事

　　本店装修工程已顺利完工,定于八月一日正式对外营业。本店餐饮主推淮扬特色。为酬谢顾客的关心,对折优惠一周。欢迎广大顾客惠顾。

　　营业时间:10时—24时

　　门店地址:希望路118号

××××年7月28日

案例简析：

　　这则例文告知了开业日期、餐饮特色及优惠等信息,以吸引顾客前往用餐,立意清楚、文字简洁。由于单位名称在标题中已经出现,因此落款中从略。

(2) 贺仪启事

参考样式

××学院校庆启事

　　为庆祝我院建院40周年,特举行校庆活动一天。热诚希望历届校友光临大会,并请校友相互转告。

　　时间:××××年11月20日上午9时在院大礼堂举行庆祝会,下午2时分系举办论文交流会,晚上分系联欢、座谈。

　　联系地址:××市××路××号

　　邮政编码:×××××

　　联系人:周××、辛××

　　联系电话:×××××××

××学院校庆办公室
××××年6月10日

　　贺仪类启事包括祝寿、庆典、礼宾活动等。在写作时要将活动事项、时间、地点，以及联系人、联系电话等交代清楚。

　　要指出的是，这类启事只是广泛告知，对重要宾客和有关领导还是得专程送上请柬。

3. 寻找类启事

参考样式

寻 物 启 事

　　7月3日下午，我在本校图书馆借书时，不慎遗失一只白底紫花的女式拉链小包，内有三星牌手机一部(银白色)，校园卡一张，人民币三百多元。请拾到者送交校学生科，或拨打电话××××××××与我联系，深表谢意。

　　此启

××班　金亮亮

××××年4月29日

案例简析：

　　寻物启事在内容表述上和招领启事不一样，它要求提供详尽的信息，诸如遗失物品的时间、地点、物品名称、特征、数量以及寻物人的姓名、联系方式等，有助于物品的寻找和归还。

　　如果是寻人，则应详尽写明该人的外貌特征及诸如口音、服饰等容易被注意到的细节情况。

4. 声明

参考样式

××起重机厂厂长××授权
厂法律顾问×××律师发表
郑重声明

　　近来，在市场上发现用非我厂生产的零部(散)件，拼装汽车起重机，假冒我厂××牌商标在市场上出售；另有少数单位和个人冒充我厂人员，在外招揽加工、维修吊车业务。这些不仅损害了广大客户的经济利益，更严重的是损害了我厂的信誉。

　　对有上述侵权行为的企业和个人除我厂将依法追究法律责任外，恳请各客户注意：我厂生产的××牌起重机系列产品，产地在××省××市，并附有××特制的盖有××起重机厂检验科成品验收合格章的"产品合格证"，凡我厂物资、销售和维修服务人员在外进行工作时，都持有法定代表人发给的贴有照片的授权委托书。

　　特此声明

参考样式

遗失发票声明

　　我厂遗失销售发票一本，已填用0059452至0059500编号页，空白共48张，印有××县××厂业务专用章。特此声明作废。

案例简析：

　　以上两则声明，前者叙述详细，后者叙述简略，但是它们都本着将事实阐述清楚的宗旨，都符合简明扼要、条理清晰的要求。由于这些声明都发表在报纸上，所以省略了日期。至于具名，前者出现在标题，后者出现在正文，故均从略。

四、写作步骤

　　① 确定所要表达的主题，正确选用启事或声明文种；

　　② 根据所选文种的要求撰写成文，内容或详或略，措词或礼貌或严厉，都要根据主题的表达需要来确定；

　　③ 修饰文字，使之有助于实现启事、声明的目的。

五、复习与训练

　　体验活动一：某日，锦江乐园管理处在中午时分收到游客交来的一个时装袋，内有未拆封启用的阿迪达斯牌T恤一件，女用钱包一个(钱包内有人民币1235元，从上海到哈尔滨3月15日的飞机票一张，建设银行无记名5万元定额储蓄存单一张)，钥匙一串共5把(两小三大)。管理处同志准备撰写一份招领启事，以便尽快找到失主。

　　与此同时，游客高××在锦江乐园的公共留言栏正张贴一张寻物启事，焦急之情溢于言表。

　　活动要求：请你以管理处身份和失主身份，各撰写一份启事。

　　提示：把握详略、言简意赅。

　　体验活动二：长江职业学校建校55周年来，以专业贴近社会需要、人才质量卓越而著称，进入市场经济体制以来，该校毕业生就业率始终保持在99%以上，而且专业对口，深受企业、家长和社会的好评。

　　但是自2009年下半年以来，该校不断发现有业余进修学校以"长江职业学校"的名义办专业培训班，其办学质量低下，在社会上造成了很坏的影响。因此，该校校长委托正大律师事务所代理追究相关事宜，并在各大报刊上刊登郑重声明，积极通过新闻媒体，采用必要的法律手段挽回学校声誉。

　　活动要求：根据所给材料，撰写一份郑重声明。

　　提示：明确主题、有理有节、措词得体。

第三节　经济诉状

一、知识概述

　　现代社会的一个重要特点就是社会集团之间、个人之间的联系越来越密切，交往越来越频繁，因此难免会发生一些矛盾纠纷和利害冲突。在一个法制健全的国家里，这些纠纷和冲突往往要通过一定的法律程序来加以解决，这就需要诉讼。诉状是人们用于维护自己正当权益的一种常用应用文书。经济诉状是指在经济活动中，当事人为了维护自己的合法权益，依据法律和事实，向人民法院提出某种诉讼要求或辩驳的诉讼文书。经济诉状的作用就是向法院提起诉讼，从而引起诉讼程序的开始。

经济诉状具有合法性、规范性、严肃性等特点。

1. 合法性

从写作目的上看，经济诉状主要是依法保护自己的合法权益。当事人依法向人民法院提出诉讼；人民法院依法予以判决。经济诉状的写作，只有在符合国家有关的政策和现行的法律时，才能受到法律的保护。

2. 规范性

经济诉状有特定的投诉对象，有规定的诉讼程序。另外，经济诉状还要按司法部统一制定的格式撰写。在文书语言表述上往往还有一些习惯用语和法律用语等。这些都是其他文书的写作所不具备的特点。

3. 严肃性

经济诉状在表述时必须有事实根据，而且这种根据应是确凿有力、准确无误的，不允许离开客观事实而胡编乱造，语言应精炼准确、严肃朴实。事件发生的时间、地点、经过、当事人、原因、结果等，都必须表述清楚。诉讼要求、请求等要合法、明确，必须完整地引用法律条文。举证要有书证、物证等支撑，做到无可辩驳。此外，从时间上来看，有的诉状有法律规定的时限，必须严格遵守。

常用的经济诉状有起诉状、上诉状、答辩状、申诉状和反诉状等。

二、写作指要

按照司法部统一规定，诉状一般包括首部、主部、尾部三部分。

1. 首部的写法

首部包括标题和当事人情况。

（1）标题

第一行居中写标题，可直接写文种，如："起诉状"，也可以在文种前加事由，如："追偿欠款起诉状"。

（2）当事人情况

在标题下一行空两格起写上当事人的自然情况。主要包括原告、被告的姓名、性别、年龄、民族、籍贯、职业、工作单位、住址等八项内容。如果原告或被告是企事业单位，要写明企事业单位的名称、所在地、法定代表人的姓名、行政职务。由诉讼代理人起诉时，还要写明代理人的姓名、所在单位和代理权限。如有若干个原告或被告，应依他们在案件中的地位和作用，说明每个人的基本情况。

2. 主部的写法

主部包括请求事项、事实和理由两项内容。

（1）请求事项

请求事项是指原告对法院的请求意见和要求，如：要求履行合同、归还产权、赔偿损失、清偿债务等。这项内容要写得具体明确、合理合法。

（2）事实和理由

事实和理由是指原告提出请求的依据，主要包括事实、证据和理由。事实是指经济纠纷的具体问题。在写作时要把引起纠纷的原因、时间、地点、经过和分歧的焦点以及侵权行为造成的后果、应承担的法律责任等写清楚。证据是指证明事实的人证、物证、书证和其他有关材料。理由是指根据事实、证据和法律论证起诉的理由，认定被告侵权或违法行为的性质和应承担的责任。

3. 尾部的写法

尾部包括送达法院名称、具状人签名或印章、写作时间和附件。一般是在主部结束后下一行空两格写"此致"二字，再另起一行顶格写"××人民法院"。具状人签名或印章、写作时间写在法院名称右下方。附件在写作时间左下方。

> **重点二：经济诉状基本格式**

起　诉　状

原告姓名、性别、年龄、民族、籍贯、职业、工作单位、住址

被告姓名、性别、年龄、民族、籍贯、职业、工作单位、住址

请求事项：＿＿＿＿＿＿＿＿＿＿＿＿＿＿＿＿＿＿＿＿＿＿＿＿＿

事实和理由：＿＿＿＿＿＿＿＿＿＿＿＿＿＿＿＿＿＿＿＿＿＿＿

＿＿＿＿＿＿＿＿＿＿＿＿＿＿＿＿＿＿＿＿＿＿＿＿＿＿＿＿＿＿＿

　此致

××人民法院

起诉人：（签名盖章）

××××年×月×日

　附件：1. 本状副本×份

　　　　2. 物证×件

　　　　3. 书证×件

三、实例示析

示例一：

> **参考样式**

经济纠纷起诉状

原告××市××综合贸易中心　　　地址：××市××街××号

法定代表人　姓名：×××　　性别：男　年龄：××岁　职务：××××

住址：××市××路××号

被告××市××贸易公司　　　　地址：××市××街××号

请求事项：

请求人民法院根据《中华人民共和国经济合同法》有关规定，追回××市××贸易

商务应用文写作

公司欠我贸易中心货款14.5万元,赔偿所欠货款利息及有关损失,依法维护我贸易中心的合法权益。

事实与理由:

××××年×月×日、×月×日,我贸易中心采购员余××,先后两次与××市××贸易公司副经理李××签订购销合同。第一份合同系购买各种规格的圆钉共50吨,每吨单价0.22万元,合计人民币11万元。第二份合同系购买镀锌8号线200吨,每吨单价0.165万元,合计人民币33万元。我贸易中心严格按合同规定办事,合同签订后一个星期内,分别将两笔货款汇到××市××贸易公司的账号上,共计人民币44万元,分文不差。

但是,××市××贸易公司却不按合同规定办事。我贸易中心第一批货款11万元汇出后一个月,才首次发出圆钉20吨,其余30吨再无音讯。第二批货款33万元汇出后,亦未见其将镀锌8号线发出。我贸易中心多次发出函电催货,他们都不予理会。×月份以来,我贸易中心两次派人专程赴××市,找××贸易公司副经理李××面商,并主动提出,如无货物,可以退款。李××多次推脱责任,继续拖延。至今既未将货物发出,又不给我贸易中心退回货款。

两份合同都有规定:供方在货款到后10日内未将货物发出,处以货款10%的罚款。××市××贸易公司收到我贸易中心的货款已经有85天,仍未将货物发齐,实属严重违反合同规定。为此,我贸易中心经营活动受到了严重影响,直接经济损失估计近10万元。

为维护我贸易中心的合法权益,请求人民法院依法予以处理。

此致
××市中级人民法院

起诉人:××市××综合贸易中心(公章)
××××年×月×日

附件:1. 本状副本肆份(略)
   2. 物证叁份(略)

案例简析:

经济纠纷起诉状是指原告用书面形式提出自己的诉讼请求和理由以及提出请求的根据,从而引起诉讼程序发生的一种诉讼文书。上文符合起诉状的基本格式。标题直接标明文种,原告是单位,因此依次写明原告名称的全称,所在地址,法定代表人的姓名、性别、年龄、职务等,并写明被告单位名称及所在地址。主部先写请求事项,明确、具体、合理、适度,这样写便于法院迅速确定审理该经济纠纷案件的范围,正确地组织诉讼活动,作出合理的判决或裁定。事实与理由部分叙述了被告侵权行为的具体事实,即纠纷的起因、时间、地点、经过、后果等,详略得当,观点明确,语言表述逻辑严谨。尾部项目齐全,格式正确。

> **重点二:起诉状写作要求**
> 事实要绝对真实可靠;
> 证据要确凿无误;
> 理由要符合政策、法律;
> 请求要明确、具体、适度;
> 体例格式要符合规范;
> 文字表述要简明扼要;
> 内容表达要有条理性;
> 书写要庄重、严肃、整洁

示例二：

经济纠纷上诉状

上诉人：刘×× 男 33岁 汉族 ××市人 ××市××厂工人 住××市××街××号

被上诉人：王×× 男 41岁 汉族 ××市人 个体户 住××市××街××号

上诉人因王××诉刘××赔偿经济损失一案，不服××市××区人民法院××××年×月×日经字第38号判决，现提出上诉。

上诉请求：

要求撤销一审法院判决，重新查清事实，保护我的合法权益。

上诉理由：

① 原判决认定我是共同被告是无事实和法律依据的。根据《中华人民共和国民事诉讼法》第五十三条之规定"当事人一方或双方为二人以上，其诉讼标的是共同的，或者诉讼标的是同一种类、人民法院认为可以合并审理并经当事人同意的，为共同诉讼"，而在王××与张××的合同纠纷中，我并不是当事人。因为，王、张两人订立成衣供销合同时，我并未参加，只是他们订立合同后，张因时间紧迫，怕到期拿不出成衣，方叫我帮忙为他做100件成衣。而我当时也是当着王、张二人的面声称，只是帮王一个忙而已。这些，王、张二人也承认，只要审阅我递交给××法院的答辩状及有关证明材料就一目了然。因此，我认为，原审人民法院将我列为被告是不符合事实的。

② 原判决判我赔偿王××经济损失500元也是不符合事实和没有法律根据的。第一，我没有参与合同的订立，不是合同的当事人；第二，我当初答应帮忙，帮助张做成衣100件，15天交货，第11天我就将100件成衣交给了张，我履行了自己的义务。原审人民法院却忽视了这一点，判我赔偿王经济损失是违背事实和法律的。

③ 原审程序不合法。原审的合议庭组成人员之一，审判员李××是王××的妻弟，属于《中华人民共和国民事诉讼法》第四十五条第一项规定的情况，李××本应提出回避，但李××没有。审理前，我多次提出申请要李××回避，但没有被合议庭采纳。这明显地违反了《中华人民共和国民事诉讼法》的规定，影响了案件的公正处理。

综上所述，原判决在认定事实和适用法律上均有不当之处，因此，特上诉至你院，请求依法办事，撤销原判，给予公正判决，以维护上诉人的合法权益。

此致

××市中级人民法院

上诉人：刘××
××××年×月×日

附：1. 本上诉状副本贰份

2. 一审判决书复印件壹份

案例简析：

经济纠纷上诉状是当事人或其法定代理人不服地方人民法院一审判决或裁定，按照法定的诉讼程序，在法定的期限内，向上一级人民法院提出上诉，请求撤销、变更原审判决或裁定或重新审理的诉状。上诉状是当事人及其法定代理人行使上诉权的工具，也是二审人民法院受理案

重点三：上诉状的写作
要求

上诉人必须符合法
定的上诉条件；

提出上诉必须在法
定的期限之内；

上诉请求和理由要
有针对性；

有理有据、实事求是

件、进行审理的依据。通过上诉状，二审法院可以了解上诉人不服一审法院判决或裁定的理由和二审诉讼请求，有助于二审法院公开审理案件，及时纠正确有错误的判决或裁定，以保证国家审判权的正确使用，提高办案质量，也使当事人的合法权益得到切实的保障。

从上文可见，上诉状的格式和写作方法与起诉状基本相同。可直接以文种为题。当事人由"原告"、"被告"相应地改成"上诉人"、"被上诉人"。正文除"请求"、"事实和理由"外，还在前面加上案由，即上诉人不服原审判决或裁定的事由，通常可表述为："上诉人因××××一案，不服××人民法院于××××年×月×日第×号××判决(或裁定)，现提出上诉"。

上文请求具体明确，上诉理由充分有力，针对原审判决的错误所在，从三个方面进行辩驳，以阐明否定原审判决的事实与法律依据。理由写完之后，再次概括重申上诉请求，进一步明确提出自己上诉的主张和要求。格式完整、规范。

示例三：

参考样式

经济纠纷答辩状

答辩人：××市联合贸易公司

地址：××市××路××号

法定代表人：唐××，经理

委托代理人：皮××，业务员

因××市综合贸易公司经济合同纠纷一案，提出答辩如下：

××综合贸易公司诉称：该公司与我公司签订两份合同，但我公司没有如期交货，造成该公司损失，要我公司付违约金、赔偿金20万元。

原告所述失实。我公司在××××年×月×日、×月×日先后两次与原告签订购买圆钉和镀锌8号线两份合同，金额共100万元，合同规定×月×日首货款必须全部汇到我公司账号。但是直到×月×日，该公司货款仍未汇到，迫于资金周转，我公司被迫将组织到的货源如数退掉；由于圆钉和8号线货源极为紧张，×月×日市场价格分别上调10%和15%，×月×日原告款项才汇入我公司账户，但我公司已无法按原价组织货源，原合同由于原告违约已无法履行。我们通知原告予以退款，原告却坚持按原价格履行合同，否则除退款外加付违约金、赔偿金20万元。这就是事实真相。

我们认为，原合同无法履行的根本原因在于原告的违约，货款迟迟不汇入我公司账户，为此原告应负全部责任。希望法院依法作出公正判决，驳回原告的诉讼请求。

此致

××市××区人民法院

答辩人：××市联合贸易公司(公章)

法定代表人：唐××(私章)

委托代理人：皮××(私章)

××××年×月×日

附：上诉状副本壹份

案例简析：

答辩状是被告或被上诉人对原告或者上诉人向人民法院提出的起诉理由或上诉理由的答复和辩驳。答辩状体现了被告或被上诉人的诉讼权利，有利于法院全面查明案情，正确判决，有利于保护被告、被上诉人的合法权益。答辩状是对起诉状或上诉状中所提出的事实、理由和请求而逐一阐发自己的意见、观点和事实的文书。因此，这种文书具有很强的答辩、辩论色彩。上文的标题为"经济纠纷答辩状"，如果是经济纠纷上诉答辩状，也可只写"经济纠纷答辩状"，不必加上"上诉"两字。经济纠纷答辩状的重点部分是答辩理由和意见，主要是就原告或上诉人提出的诉讼请求，以及诉讼事实、证据、理由（包括法律根据），作出明确的回答。一般情况下，答辩状都是反驳原告或上诉人的诉讼请求。反驳的方法大体有：①用事实反驳；②从诉讼程序上反驳；③用情理反驳。上文是用事实反驳，指出对方所指控的事实和实际情况不符，然后综合归纳，再明确提出答辩意见。内容完整，格式规范。

答辩人的基本情况同经济纠纷起诉状的写法一样，所不同的是答辩状首部只写答辩人、法定代表人及诉讼代理人，不写被答辩人（原告或上诉人）的基本情况，被答辩人在"答辩原由"中指明。答辩状主部首先要写"答辩原由"，如：上文中"因××市综合贸易公司经济合同纠纷一案，提出答辩如下"；也可以写成"你院×××年×月×日×字第×号起诉状副本现已收到，现遵照吩咐提出答辩如下"。如果是第二审程序上的答辩状，可写成"答辩人于×××年×月×日收到××中级人民法院送来上诉人××因××一案的上诉状副本，现答辩如下"

示例四：

参考样式

经济纠纷申诉状

申诉人（原审被告）：××市××百货商店

法定代表人：王××，该店总经理

委托代理人：孙××，该店副经理

被申诉人（原审原告）：××皮革厂

法定代表人：李××，该厂厂长

委托代理人：田××，该厂副科长

申诉人因贷款纠纷一案不服××人民法院[××××]法经字××号民事裁定书，认为该裁定书认定事实不准，裁定不公平，特提起申诉，请求重新改判，其事实和理由如下：

申诉人和被申诉人于×××年×月×日签订购销合同两份：一份是申诉人向被申诉人订购415型男式凉皮鞋520双，另一份是订购各式男女皮夹克610件。因这些商品具有很强的季节性，双方协议确定：必须于×××年×月×日前将上述商品发至××市，以应市场需求。

可是，上述商品被申诉人均未按协定时间发至××市。其中，皮夹克于×××年×

商务应用文写作

月×日才到达,拖期长达一个半月之久,大大错过了××市市场的销售旺季,致使这些商品积压于仓库,严重影响了申诉人的资金周转,至今尚有男式凉皮鞋343双,各式皮夹克334件卖不出去,共折合人民币34000余元。

尽管如此,为照顾彼此间的商业信誉,申诉人曾于××××年×月×日出具《经济合同问题答辩书》,说明了拖汇货款的原因,主动提出偿还货款的计划。

不料,贵院在未进行调查研究的情况下,公然判令"……依法采取诉讼保全措施……冻结××百货商店在××市××区××信用社的存款95767.10元"。这是不公允的。申诉人重申:仍然按照××××年×月×日提出的还款计划执行。对于目前库存积压的商品,积极采取削价处理措施,将实收货款付给被申诉人;或将积压的商品退回被申诉人,退回中发生的运杂费,可由申诉人负担。

此致
××人民法院

申诉人:××市××百货商店(公章)

法定代表人:王××

委托代理人:孙××

××××年×月×日

附件:1. 本状副本贰份

　　　2. 书证贰份

　　　3. 一审判决书复印件

重点五:申诉状的写作要求

● 申诉必须是针对已经发生法律效力的判决、裁定或调解协议等

● 申诉时要附上一、二审判决书、裁定书或调解书的抄件或复印件

● 申述理由要抓住要害,依据法理,举证反驳,做到有理有据、逻辑严密、说服力强,切忌无的放矢、四面出击,或者强词夺理、无理狡辩

案例简析:

　　申诉状又称申诉书、再审申请书。它是案件的当事人及其他法律规定有申诉权的人,对已经发生法律效力的判决或裁定、不起诉决定、调解协议等,认为确有错误,表示不服,依法请求人民法院或人民检察院重新处理作出纠正的诉讼文书。申诉是法律赋予公民的一种民主权利,对已经发生法律效力的判决或裁定,凡是当事人认为有错误的均可提出申诉,它是当事人运用特殊程序保护自己合法权益的有效武器,它对于司法机关的公正执法,维护法律的严肃性,具有重要的作用。

　　申诉状也是由首部、正文和尾部组成的。首部包括标题和当事人的基本情况。主部也包括案由、请求事项、事实和理由三部分内容。案由一般可表述为"申诉人×××对××人民法院××××年×月×日×字第×号××判决(或裁定),特提出申诉(或申请再审)"。然后用过渡语引出事实和理由,本文用了四个自然段申诉理由。"申诉人重申"以下内容是申诉人的请求。本文结构严谨,理由充足,格式规范。

申诉状与上诉状的区别

① 针对的对象不同：申诉的对象是已经发生法律效力的判决或裁定，包括二审的终结判决或裁定，甚至正在执行或者执行完毕的判决或裁定；而上诉的对象仅限于尚未发生法律效力的判决或裁定。

② 提出的时限不同：申诉除民事再审申请须在裁判生效后的两年内提出外，其余的一般不受时间和次数的限制，只要是对已经生效的判决或裁定不服，无论何时都可提出申诉；而上诉必须在法定的期限内提出，逾期则无权上诉。

③ 呈送机关不同：申诉状与再审申请书的呈送机关是原审人民法院或上一级人民法院，刑事案件还可呈送给人民检察院；而上诉状的受理机关只能是原审的上一级人民法院。

④ 受理的条件不同：申诉状是否能引起审判监督程序的发生是有条件的，要视原审判决或裁定在认定事实和适用法律上是否确有错误来决定，确有错误、申诉有理的，法院就受理，无理由的法院则不受理；而上诉状的受理是无条件的，只要是依法享受上诉权利的人，在法定期限内上诉，无论其理由正确与否，法院都要受理，从而引起二审程序的发生。

示例五：

参考样式

反 诉 状

反诉人(本诉被告)：××实业物资有限公司

法定代表人：张×× 职务：经理

住址：××路×号×幢×室

反诉人(本诉被告)：××电器厂

法定代表人：徐×× 职务：厂长

住址：××路××苑×号×室

被反诉人(本诉原告)：××房地产开发有限公司

法定代表人：杨×× 职务：经理

住址：××路×弄×号×室

反诉请求：

1. 判令被反诉人支付反诉人截至2010年2月18日的违约金计人民币76198.40元；

2. 判令被反诉人支付反诉人自2010年2月18日起至反诉人实际取得房屋权属证书期间的违约金；

3. 判令被反诉人限期为反诉人办出房屋权属证书；

4. 本案诉讼费由被反诉人承担。

事实和理由：

反诉人在2004年6月13日与被反诉人签订了商品房预售合同，向其购买常德路456号402室。该合同明确约定，被反诉人应当于2005年1月31日之前将该房屋交付给反诉人，同时被反诉人须办理房地产初始登记，取得新建商品房屋产权证。但事实上被反诉人至今未出示过大产证，至今未与反诉人办理正式的房屋验收交接手续，同时私下将已售的该房屋设定抵押，严重侵害了反诉人的合法权益。时至今日，虽经反诉人多次催促，被反诉人仍未能办理出反诉人的房屋权属证书。

现反诉人为维护自身的合法权益，根据国家有关法律法规规定，特向贵院提起反诉，要求被反诉人承担未能及时办理小产证的违约责任，包括自2005年5月1日至2010年2月18日的违约金计人民币76198.40元以及2010年2月18日起至反诉人实际取得房屋权属证书期间的违约金，并立即办出小产证。

由于被反诉人恶意欺瞒、违约导致反诉人巨大经济损失，反诉人请求贵院公正裁决。

此致

××市××区人民法院

具状人：张××

二〇一〇年二月十八日

案例简析：

反诉状是指在经济诉讼一审程序中，被告为维护自己的合法权益，以本诉的原告作为被告，向原法院提出新的独立诉讼请求而制作的诉讼文书。写作要点包括当事人的基本情况、案由、反诉请求、事实和理由等。上文诉求明确，条理清楚，格式规范。

四、写作步骤

重点六：注意事项
以事实为依据；
以法律为准绳；
诉讼请求明确；
措词严谨简练

① 研究与案情有关的材料，掌握有力证据和法律依据；

② 根据不同诉状的不同写作要求构思写作框架；

③ 如实反映事实和诉讼请求；

④ 附上有关证明材料；

⑤ 修改文书，整理版面。

五、复习与训练

1. 本节思考与复习题

① 经济诉状的意义和特点是什么？

② 经济诉状的基本格式包括哪几个方面的内容？

③ 起诉、上诉、申诉和反诉这几个概念有什么不同？

④ 答辩状和起诉状在写作格式上有什么不同？

2. 本节训练与活动方案

体验活动： 2009年6月29日，大华公司与东海公司签订了一份购销合同，由东海公司供给大华公司"东海"牌彩色电视机500台，每台2100元，总价款105万元。合同签订后，大华公司于同年7月19日将全部货款付给东海公司，东海公司交付第一批货后，双方于10月22日签订了终止原购销合同的协议书，协议规定：由东海公司返还大华公司货款89万余元。但东海公司一直未退款。2010年2月18日大华公司诉至北区人民法院。

活动要求： 请代大华公司拟制一份起诉状。

提示： 分析材料内容，明确诉讼请求，复习并掌握起诉状的写作格式和要求，然后进行写作练习。别忘附件。

图书在版编目(CIP)数据

商务应用文写作/乔刚主编.—上海:华东师范大学出版社

ISBN 978 - 7 - 5617 - 4249 - 5

Ⅰ.商...　Ⅱ.乔...　Ⅲ.商务－应用文－写作
Ⅳ.H152.3

中国版本图书馆 CIP 数据核字(2005)第 039736 号

商务应用文写作(第四版)

教育部职业教育与成人教育司推荐教材
职业教育商贸、财经专业教学用书

主　　编　乔　刚
责任编辑　蒋　雯
特约编辑　张晓霞
装帧设计　蒋　克

出　　版　华东师范大学出版社
社　　址　上海市中山北路 3663 号
　　　　　邮编 200062

营销策划　上海龙智文化咨询有限公司
电　　话　021 - 51698271　51698272
传　　真　021 - 51698271

印 刷 者　常熟市文化印刷有限公司
开　　本　787×1092　16 开
印　　张　10.5
字　　数　220 千字
版　　次　2015 年 1 月第 4 版
印　　次　2016 年 7 月第 3 次
书　　号　ISBN 978-7-5617-4249-5/I·310
定　　价　24.00 元

出 版 人　王　焰

(如发现本版图书有印订质量问题,请与华东师范大学出版社联系
电话:021-51698271　51698272)